ROBERT D'HUMIÈRES

THÉATRE

I

PIÈCES MODERNES

CŒUR ! — LES AILES CLOSES

COMME DES DIEUX

PARIS

MERCVRE DE FRANCE

XXVI, RVE DE CONDÉ, XXVI

—

MCMXXIII

MERCVRE

DE

FRANCE

Parait le 1er et le 15 du mois.

DIRECTEUR : ALFRED VALLETTE

Le *Mercure de France*, fondé en 1890, est à la fois une revue de lecture comme toutes les revues et une revue documentaire d'actualité. Chacune des livraisons se divise en deux parties très distinctes. La première est établie selon la conception traditionnelle des revues en France, et, en même temps que toutes les questions dans les préoccupations du moment y sont traitées, on y lit des articles ou des études d'histoire littéraire, d'art, de musique, de philosophie, de science, d'économie politique et sociale, des poésies, des contes, nouvelles et romans. La seconde partie est occupée par la « Revue de la Quinzaine », domaine exclusif de l'actualité, qui expose, renseigne, rend compte avec des aperçus critiques, attentive à tout ce qui se passe à l'étranger aussi bien qu'en France et à laquelle n'échappe aucun événement de quelque portée.

Le *Mercure de France* parait en copieux fascicules in-8, formant dans l'année 8 forts volumes d'un maniement aisé. Une table générale des Sommaires, une Table alphabétique par noms d'Auteurs et une Table chronologique de la « Revue de la Quinzaine » par ordre alphabétique des Rubriques sont publiées avec le numéro du 15 décembre, et permettent les recherches rapides dans la masse considérable d'environ 7.000 pages que comprend l'année complète.

Il n'est pas inutile de signaler que le *Mercure de France* donne plus de matières que les autres grands périodiques français et qu'il coûte moins cher.

Envoi franco d'un numéro spécimen sur demande adressée 26, rue de Condé, Paris-6e

POITIERS. — IMP. MARC TEXIER.

THÉATRE

PIÈCES MODERNES

CŒUR! LES AILES CLOSES
COMME DES DIEUX

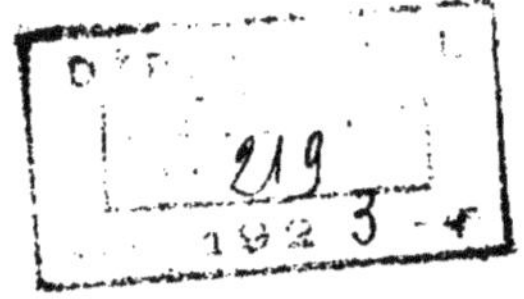

ROBERT D'HUMIÈRES

THÉATRE

I
PIÈCES MODERNES

CŒUR! — LES AILES CLOSES
COMME DES DIEUX

PARIS
MERCVRE DE FRANCE
XXVI, RVE DE CONDÉ, XXVI
—
MCMXXIII

COEUR !

Sancho Mezquita.
Le duc d'Altillac.
Le comte de Saint-Sabas.
Jerry Cheek.
Le marquis de la Flourère.
Le doyen des abonnés.
Lavriano.
Un inconnu.

Aude Mezquita.
La baronne Darbrissel.
La duchesse.
L'ouvreuse.
Miss Columbia Cheek.
Jock, boxeur.
Un valet de pied.
Jacob, maître d'hôtel.

ACTE PREMIER

Une loge d'entre-colonne à l'Opéra. Le mur de fond du salon de la loge est censé partiellement supprimé. Il n'en reste à gauche que le nécessaire pour former l'embrasure de la porte de la loge et une portion du couloir dont la perspective s'aperçoit sur une profondeur de quelques mètres. L'ouvreuse y circule. La disposition intérieure de la loge est conforme à la réalité. Les colonnes dorées en délimitent l'ouverture sur la salle éclairée dont on entr'aperçoit, malgré l'éblouissement des lumières, les loges d'en face. Cette baie lumineuse par laquelle arrivent les sons de l'orchestre et des voix est restreinte dans sa hauteur par le plafond d'une part qui est assez bas, et par le fait que les deux rangs de chaises du devant de la loge sont exhaussés par une marche. Des rideaux de velours rouge écartés et relevés forment portières entre le salon de la loge où se passe l'action et la loge proprement dite.

SCÈNE PREMIÈRE

L'OUVREUSE, LA BARONNE

Au lever du rideau, le salon et la loge sont vides. L'Ouvreuse seule est appuyée contre le chambranle extérieur de la porte, un papier à la main, l'air défait, suivant de l'œil un dos d'homme qui s'éloigne dans le couloir.

On entend la musique du premier acte de *Tristan et Yseult*.

Arrive la Baronne, aigrette, tiare, luxueux manteau du soir qu'elle relève de la même main qui tient sa lorgnette, etc...

L'OUVREUSE, sursautant.

Ah ! madame la Baronne...

LA BARONNE, montrant le papier dans la main de l'Ouvreuse.

C'est pour moi ? La Duchesse me lâche, naturellement !

L'OUVREUSE

Hélas ! madame la Baronne, c'est pour moi.

LA BARONNE, soulagée.

Ah ! (*Pendant qu'on lui retire son manteau.*) Tout est brossé ? La glace... faite ? (*Elle souffle dessus.*) Je compte sur un service irréprochable et muet, ce soir... Cette porte est huilée ? (*L'Ouvreuse la fait jouer avec un sourire de martyre.*) Regardez donc si M. Mezquita n'arrive pas ? (*L'Ouvreuse allonge la tête dans le couloir.*) Il devait être là pour le prélude. (*Amère.*) C'était bon autrefois d'arriver pour le prélude... Aïe ! vous entendez, ça grince encore. Vous verrez qu'il faudra écrire au ministre ! Quel régime !

(Elle ajuste sa coiffure devant la glace.)

L'OUVREUSE, en écho.

Oui, quel régime !

LA BARONNE, continuant à arranger ses cheveux et fronçant le nez.

Qu'est-ce que ça sent ? Toujours les gens d'à côté ?...

L'OUVREUSE, lugubrement.

Le goût de l'Ambassadrice d'Espagne entre chez madame la Baronne.

LA BARONNE, même jeu.

C'est écœurant. Elle se parfume comme une cigarière. Et la Duchesse qui a horreur de ça ! Elle aura mal au cœur la première fois qu'elle vient dans ma loge. Charmant ! Tout s'annonce bien ! (*Voyant la figure navrée de l'Ouvreuse dans la glace.*) Mais, qu'est-ce que vous avez ? Vos affaires de cœur ne marchent pas non plus ? Quelle tête !... Ça achèvera la Duchesse !

L'OUVREUSE, tragique.

Madame la Baronne et Son Altesse peuvent compter sur moi. On sait ce qu'on doit aux personnes. Et à Monsieur le Doyen des abonnés qui m'a placée ici.

(Elle s'éponge un œil.)

LA BARONNE, pincée.

Je ne vous demande pas de confidences. (*Curieuse.*) Enfin... Qu'est-ce qui se passe ?

L'OUVREUSE

Il se passe que la grève est déclarée.

LA BARONNE

Quelle grève ?

L'OUVREUSE

La nôtre, celle des ouvreuses. Voici l'ordre du

syndicat d'abandonner le travail à neuf heures cinquante-cinq.

LA BARONNE

C'est donc cela. Les Adamson ont leur valet de pied à la porte de la loge !

L'OUVREUSE

A l'Opéra ! Un valet de pied ! Dans le couloir !

LA BARONNE

Ne vous trouvez pas mal, voyons ! Vous n'avez rien à craindre tant que nous sommes là. Le duc d'Altillac vient, M. de Saint-Sabas aussi. La Duchesse amène le petit Lavriano, naturellement ! Le Doyen, lui-même, mais oui... (*L'Ouvreuse baisse les yeux*) si ce n'est pas un costaud, lui...

L'OUVREUSE, vivement.

Madame la Baronne ne l'a pas vu au gala des Inondés de Toulouse, en 75...

LA BARONNE

Certainement non !

(Elle lui tourne le dos.)

L'OUVREUSE

Que devenir, mon Dieu, si on sabote la représentation !...

LA BARONNE

... Mais non. C'est impossible, absurde... Ça grouille de cipaux. Ne faites pas cette grimace. Remettez votre bonnet droit... C'est curieux ce que l'émotion vous fait marquer mal. Vous avez l'air de sortir déjà de la machine à bosseler. S'il y a du bruit, eh bien! tant mieux, ça durera cinq minutes et on se sera senti un peu vivre. La Duchesse est sportive. A la réflexion, elle tombe à pic, votre grève. Je craignais une soirée rasante. La Duchesse se soucie de Tristan comme de son premier faux rang de perles. Saint-Sabas serait malade d'un bridge rentré. Il geindrait tout le temps et se ferait faire une tête par Aude Mezquita, qui pose pour « écouter ». Ici! La sotte! Comme maîtresse de maison, je suis ravie...e...e. (*Elle chante avec l'orchestre le motif du philtre.*) Mais comme maîtresse tout court... (*A l'Ouvreuse, dont elle oubliait la présence.*) Allez, ça suffit! (*Mezquita arrive d'un pas élastique par le couloir et entre droit dans le salon de la loge.*) Sancho! Enfin!

SCÈNE II

LA BARONNE, MEZQUITA

LA BARONNE, théâtrale et tendre.

Mon ami, écoutez... comme c'est beau... ah! je voudrais un philtre.

MEZQUITA, lui baisant la main.

Pour vos invités, je comprends ça.

LA BARONNE, suffoquée.

Vous dites ?...

MEZQUITA

Vous avez encore, ce soir, je parie, cette huître
de Saint-Sabas.

LA BARONNE, avec un soupir.

Vous êtes presque aussi grossier que je l'ai craint
un moment, Sancho. Hélas!... et encore plus beau...

MEZQUITA, haussant les épaules.

Je ne suis pas beau, beau. Je suis bien, voilà tout.
Mes bonnes manières font le reste.

LA BARONNE

Oui, magnifique sauvage.

MEZQUITA

N'est-ce pas, délicieuse rosse ? Qui est-ce qui est
là ce soir ?

(Il fait mine d'aller sur le devant de la loge.)

LA BARONNE

Moi, moi toute seule. Ne vous montrez pas, Sancho. Dire que je comptais sur vous pour le prélude !
Ça va être tout de suite l'entr'acte. Les gens vont
nous envahir. Nous n'aurons pas eu le temps
d'échanger un mot. Vous trouvez ça gentil ? Un
ménage qui avait l'air si uni... A propos, votre
femme vient ?

MEZQUITA, agressif.

Plus tard, oui. Et votre mari ?

LA BARONNE

Toujours à Hambourg. Elle dînait à Puteaux.

MEZQUITA

Je sais. Où couche-t-il, lui ?

LA BARONNE

Vous me donnez envie d'être méchante.

MEZQUITA

Une envie ! Ne résistez pas surtout, l'enfant pourrait avoir un pied de cochon.

LA BARONNE

J'espère que vous n'allez pas vous tenir comme ça devant la Duchesse ?

MEZQUITA

Elle ? Elle n'aime que ça. Ça la change des cours.

LA BARONNE

Desquelles ? Celles où elle chantait ? Ou celles où son morganatique voudrait bien la faire entrer ?

MEZQUITA

Ne blaguez pas. Elle est restée nature, elle, ça me plaît. J'ai bien été cowboy, moi... Tenez, si j'avais mon lasso, j'irais vous cueillir, dans l'entrecolonne, en face, la mère Sivrac et le vieux doyen, d'un seul jet.

LA BARONNE

Chut ! Mon ouvreuse est une ancienne à ce bourreau des cœurs. Il viendra sans lasso, hélas !

MEZQUITA

Comme la corde serrerait bien leurs deux vieux cous de tamanoirs !

LA BARONNE

Eh ! Vulcain des Pampas, vous pourriez avoir meilleur emploi pour votre coup de filet, qui sait ?

MEZQUITA

Hein ? Quoi ? Du latin ? Très peu de langues mortes pour moi, s'il vous plaît, chère amie. Pour dire des rosseries, le français ne vous suffit plus ?

LA BARONNE

Quel homme ! Je ne connais que votre femme qui vous intimide un peu.

MEZQUITA

Peuh ! peuh ! Elle est moins bien élevée, voilà tout.

LA BARONNE

Ça n'est pas possible ! Au fait, Dieu sait que ses parents n'avaient guère de temps ni d'argent à perdre pour ses leçons de maintien, quand nous étions au couvent ensemble.

MEZQUITA

Parbleu ! Vous étiez la vierge de la bourgeoisie repue, tandis que le marquis et la marquise de la Flourère n'avaient pas le sou. Ils m'ont assez tapé pour que je le sache. Leur fille, sans doute, arrivait en omnibus, et vous en... en quoi! En berline, en auto... On avait déjà inventé l'aéroplane, pas vrai ?...

LA BARONNE

Le duc d'Altillac achève son éducation. C'est en coucou que j'arrivais, cher ami, vous connaissez ?

MEZQUITA se lève brusquement, fait face aux spectateurs, ses dents mordent sa lèvre inférieure (tic familier), mais ce n'est qu'un éclair. Il feint de vérifier la fermeture de la porte et se retourne vers la Baronne qui l'observe, puis d'un air redevenu goguenard.

Ce petit-là ?

LA BARONNE

Ce petit-là aura deux millions de rentes, la plus belle terre de France dont il porte déjà un des beaux noms. On raconte que, pour le nom, il y a des doutes et que Saint-Sabas serait pour quelque chose dans sa naissance, que ne dit-on pas ? Et d'ailleurs qu'importe : Saint-Sabas vaut d'Altillac. Le petit n'est pas bête, il n'est pas laid. Vous devriez vraiment être un peu plus snob, mon ami. Et notre Aude un peu moins. Oh! oh! ce n'est pas elle à qui j'apprendrais qu'un... flirt comme celui-là, ça cote, ça classe...

MEZQUITA

Oh! mon flirt à moi, vous êtes bien plus snob qu'elle. Moi, c'est vrai, je ne suis pas snob.

LA BARONNE, pénétrée.

Ça vous aurait fait tant de bien!

MEZQUITA

Je ne vous aurais pas plus aimée infante que marchande de bananes. Un madras ou un tortil qui chavirent, c'est toujours le même malheur...

LA BARONNE, révoltée.

Vous n'auriez jamais dû aimer que des négresses. Vous auriez sans doute eu plus de chance avec.

MEZQUITA

Du bon, la négresse, beaucoup de bon. J'ai de la reconnaissance à leur endroit, à leur envers, aussi... Des qualités de robustesse, de satiné et de bonne humeur...

LA BARONNE

Vous tenez d'elles. (*Il s'incline en bouffonnant.*) Pour la bonne humeur, au moins ! On n'est pas un mari moins gênant !

MEZQUITA, cachant une fureur contenue.

C'est que voilà... Ai-je jamais pensé à vous le dire, ô ma fauve maîtresse, je trouve encore ma femme très bien, je vous l'avoue. Voyez si j'ai confiance en vous ! ! Oui, j'ai gardé un petit faible. Ah ! elle a de la branche ! Voyons, méchante, qu'est-ce que vous lui reprochez ?

LA BARONNE

De rendre grotesque l'homme que j'aime...

MEZQUITA

Mais vous vous vengez... puisque nous folâtrons
de notre bord.

LA BARONNE

Mais elle, stupide que vous êtes, elle s'affiche au
vu et au su de tout Paris, en frondant l'opinion, en
quêtant le scandale, dirait-on. Cette aventure, le
détournement de ce godelureau, elle l'a manigancée
comme une publicité, elle s'en fait une raison d'être
avec une effronterie dans la ruse !... On est chez
elle — une sonnerie de téléphone se fait entendre
— elle s'excuse et court dans la pièce voisine (dont
elle oublie de fermer la porte) répondre avec quels
sourires, quelles rougeurs, quelle affectation de
paroles banales plus précises, plus renseignantes
qu'un constat de policier... A l'exposition du mobilier l'autre jour, elle interrogeait l'horizon, cachée
derrière une colonne bavaroise, pensant bien qu'on
avait reconnu la livrée d'Altillac à l'entrée... (*Imitant Aude.*) « Ne dites pas que vous m'avez vue,
chérie... »

MEZQUITA

Chérie... Il n'y a pas à dire, elle place bien ses
affections.

LA BARONNE

Naturellement, vous me trouvez odieuse, au lieu
de comprendre que je me suis tenue à quatre pour
ne pas vous parler plus tôt de ce qui fait la risée
du monde, mais je n'en puis plus, parce que vous

m'êtes cher, Sancho, quoique si brutal pour moi ; et que je ne puis voir une intrigante vous couvrir de ridicule, essayer de se faire, dans notre société démolie, un marche-pied d'un jeune fat (il sera prévenu lui aussi et pas plus tard que ce soir) pour se créer une place irrégulière d'où défier le monde, humilier les femmes honnêtes...

MEZQUITA

Qui ne marchent qu'à pied... Vous, par exemple...

(La musique s'arrête. C'est la fin de l'acte. Bruits d'applaudissements.)

LA BARONNE

Vous me feriez pleurer, si tous ces imbéciles n'allaient pas arriver. Oh ! vous me récompensez bien de mon amour.

MEZQUITA, en proie à une curiosité violente sous des dehors calmes.

Il n'y a pas de quoi vous récompenser. Vous me promettez des révélations sensationnelles et puis quoi... des potins, des rumeurs... Il en faut davantage à un Boubouroche comme moi.

LA BARONNE

Mais, enfin, vous ne vous doutez de rien ? Vous n'avez rien vu ? Épiez-les cinq minutes ensemble, ce soir, par exemple, ici, n'importe où, on ne voit plus l'un sans l'autre... Vous serez fixé.

(Dans le couloir, se présentent, accompagnés de l'Ouvreuse, Columbia et Jerry Cheek qui s'apprêtent à entrer dans la loge.)

SCÈNE III

**LES MÊMES, COLUMBIA, JERRY CHEEK, L'OUVREUSE,
puis SAINT-SABAS, puis le DOYEN**

COLUMBIA, tendant la lorgnette à son frère.

Catch hold of this, old boy.

LA BARONNE, ajustant ses cheveux.

Voilà quelqu'un. Eux, peut-être.

(Elle et Mezquita tendent l'oreille.)

COLUMBIA, à l'Ouvreuse.

Nô. Pas la peine. (*A son frère.*) Feather straight!

JERRY

As straight as they mak'em.

LA BARONNE, ajustant ses cheveux.

Ça ne peut pas être la Duchesse encore?

COLUMBIA

Old ass! Her front hair is always right. Look
here; my french pont...

L'OUVREUSE, professionnelle.

Mademoiselle prendra-t-elle la peine de se débar-
rasser?

COLUMBIA, comme réponse.

Papa, potatoes, pudding, plums and prunes.

(L'Ouvreuse fait à ce discours une figure tellement
ahurie que Jerry éclate d'un rire énorme qui fait sur-

sauter la Baronne et son partenaire à l'intérieur de la loge dont l'ouvreuse a machinalement entr'ouvert la porte.)

MEZQUITA, *trahissant sa nervosité.*

Bon Dieu ! qu'est-ce que c'est que ça ?

LA BARONNE

La grève !...

COLUMBIA, *à son frère.*

Hush ! you beast !

(L'Ouvreuse entre-bâille la porte, tandis que miss Cheek attend la fin de l'accès de son frère.)

LA BARONNE

Mais non, c'est le jeune Cheek, l'Américain, je l'ai invité avec sa sœur.

COLUMBIA, *entrant dans la loge.*
Elle précède son frère encore suffocant.

Pàdon, chère Baronne, mon frère est impossible avec ses guffaws.

LA BARONNE

Mais non, chère miss Columbia, c'est si beau la jeunesse. Quel joli mot... comment ?... guffaw ?

(Jerry, qui a lancé un regard inquiet et circulaire en entrant, repouffe en serrant la main de la Baronne.)

COLUMBIA, *montrant Jerry.*

Oui, voilà le mot... et la chose... n'est-ce point une honte ?... Il sort du collège, il est encore si rude, si rude... Il noircit ma face devant toute l'Europe. Jerry ! shut up !

MEZQUITA

Nous avions justement besoin d'un peu de gaîté.

LA BARONNE, présentant.

Monsieur Mezquita. Miss Columbia Cheek, la fille du Sénateur. Mr. Jerry Cheek. Vous êtes presque des compatriotes.

JERRY, devenu un peu froid.

J'ai rencontré M. Mezquita au club de Puteaux.

(L'Ouvreuse introduit Saint-Sabas.)

LA BARONNE

Bonsoir, vous. (*Saint-Sabas lui baise les mains.*) Vous connaissez miss Cheek? Le comte de Saint-Sabas. Comment! vous ne connaissez pas? Un de nos plus brillants hommes du monde, une intelligence et un cœur, devenu champion de bridge à la suite de chagrins sentimentaux... Car, pour personnes atteintes d'âme, le bridge...

SAINT-SABAS

Ça vaut le régime sec. (*A la Baronne.*) En veine d'ironie, ce soir, chère amie. (*A miss Cheek.*) Vous jouez, Mademoiselle ?

COLUMBIA

Oui, mais il faut que je gagne toujours, ou je griffe.

SAINT-SABAS

Oh !

COLUMBIA

C'est plus fort que moi. Et dans la vie pourtant, je suis douce, demandez à Jerry, comme un petit... chameau...

SAINT-SABAS, imitant involontairement son accent.

Chameau ?

COLUMBIA, se reprenant.

Non, je suis trompée, pas chameau... aoh... aoh !... Jerry. (*Avec explosion.*) Agueneau, agueneau !

(Jerry, qui parlait à la Baronne, s'esclaffe de nouveau en notes cuivrées.).

MEZQUITA

Sangre ! Ça recommence !...

(Il se défile. Columbia houspille Jerry. Saint-Sabas rit. La Baronne, de même, mais jaune. Une tête, par-dessus le rebord de la loge voisine, apparaît effarée. La Baronne rassure d'un geste d'éventail. Pendant ce temps, le Doyen des abonnés arrive par le couloir. L'Ouvreuse s'empresse au-devant de lui avec une émotion particulière.)

LE DOYEN, entendant le rire de Jerry.

Pas possible ? L'acte est commencé !

L'OUVREUSE

Non, monsieur le Doyen, non.

LE DOYEN

Ce n'est pas l'entrée des cuivres ?

L'OUVREUSE

C'est un jeune homme, monsieur le Doyen.

LE DOYEN

Quel coffre ! Ça va bien, petite ? (*A Mezquita qui s'évade.*) Vous partez, cher Monsieur ?

MEZQUITA, montrant une cigarette.

Oui, oui.

(Geste de fumer. Il disparaît.)

L'OUVREUSE

Émile, vous ne m'abandonnerez jamais ?

SAINT-SABAS, ouvrant la porte de la loge.

Tiens, bonsoir, Doyen. (*A l'Ouvreuse.*) Vous avez la table ?

L'OUVREUSE

Oui, monsieur le Comte, ma collègue de vestiaire B me la garde. Mais... (*Elle s'interrompt brusquement. A part.*) Y a-t-il encore un vestiaire, une ouvreuse seulement ? (*Haut.*) Ah ! Monsieur...

SAINT-SABAS

Eh bien ! allez la chercher. Je voudrais faire à la Duchesse, quand elle arrivera, la surprise de trouver tout disposé, le couvert mis, la partie prête à commencer.

LE DOYEN

Ça, c'est galant ! Pas très traditionnel, peut-être, mais galant ! Son Altesse aime encore plus le bridge que vous. Bah ! sous l'Empire, nous en avons fait bien d'autres avec Massa dans la loge du club, hein, Cora ?

(L'Ouvreuse baisse les yeux et s'éclipse.)

SAINT-SABAS lui crie.

N'oubliez pas les bougies.

LA BARONNE, de l'intérieur de la loge.

Qui est là ? Saint-Sabas, vous nous gelez. (*Saint-Sabas s'efface, le Doyen entre.*) Comment, c'est vous, monstre d'homme ! Toujours à flirter dans les embrasures. Venez vite, ô barbe fleurie de nouvelles et de potins. C'est vrai que nous avons la révolution ce soir ?

COLUMBIA

La révolution ! Oh ! quelle alouette !

LE DOYEN

Quelle est cette folie, chère amie ? Je ne sais rien.

SAINT-SABAS

Moi, non plus.

LA BARONNE

L'ouvreuse m'a raconté une histoire de syndicat, de grève... Demandez-lui.

LE DOYEN

Tranquillisez-vous. Elle a une imagination de feu.

SAINT-SABAS

Elle est du reste allée chercher la table.

LA BARONNE, mécontente.

La table ?... Supposez que la Duchesse arrive, il n'y aura personne pour ouvrir, mon cher. Comme ce sera charmant de la forcer à retourner ses ongles sur ces odieuses portes de loge... Vous êtes insupportable.

SAINT-SABAS

Chère amie, du calme, nous avons le temps. Elle sera bien plus contente de trouver la partie prête à commencer... Je la connais.

LE DOYEN

L'Empereur avait pensé un instant à des portes à glissières. A cause du bruit, vous savez. Mais un peu plus de bruit, un peu moins, dans un théâtre de musique, qu'est-ce que ça fait, n'est-ce pas ?

(Les deux précédentes répliques doivent être dites ensemble.)

LE DOYEN

Soyons sérieux. Avez-vous vu le jeune ménage Mons-en-Puelle ? La voilà, la Révolution !

LA BARONNE, intéressée.

Ils sont là, vraiment ? Montrez !

COLUMBIA

Quelque chose d'excitant ? Qu'est-ce que c'est ?

LA BARONNE

Mais votre vaillante compatriote qui a épousé le prince de Mons-en-Puelle après toutes, toutes les histoires...

COLUMBIA

Faya Glut ! !

LA BARONNE

Miss Glut, oui ! (*Au Doyen.*) Dans la loge de qui ?

LE DOYEN

De la comtesse de Dreux.

LA BARONNE

Non ! (*Elle se lève.*) Ma robe est prise sous le pied de cette chaise... Merci. Dans la loge Dreux ! O vieille France ! C'est vrai ! La grève, c'est dans la salle qu'elle est !

(Ils s'avancent avec miss Cheek presque sur le devant de la loge et lorgnent.)

JERRY, resté en arrière, à Saint-Sabas.

Est-ce que Mrs Mezquita ne vient pas ce soir ?

(Il rougit.)

SAINT-SABAS

Certes, elle vient. Elle est de fondation. Qu'est-ce que vous voulez que notre Baronne fasse sans elle ?

JERRY

Nous avons une philippine...

(Il rougit davantage.)

SAINT-SABAS

Ah! très bien. (*Il sourit, puis nerveux.*) Que fait-elle, cette ouvreuse ?

COLUMBIA, toujours lorgnant, hèle du devant de la loge.

Hallo, Jerry. C'est Faya, Faya Glut ! Quelle alouette !

SAINT-SABAS

J'aurais dit un autre oiseau.

COLUMBIA, même jeu.

C'est vrai qu'elle s'est fait masser le nez !

SAINT-SABAS

Bah !

COLUMBIA

Oh ! my !... Quelles perles !

SAINT-SABAS

Parbleu ! Le collier Campo-Formio.

JERRY

Vraiment.

(Il pense à autre chose.)

COLUMBIA, même jeu.

Le mari a l'air d'un crabe.

SAINT-SABAS

Elle se trompe toujours de bête !

COLUMBIA

C'était le plus sale argent d'Amérique, vous savez. Il n'y a pas beaucoup de poches dans l'Ouest où le

vieux Finch Glut n'ait pas pêché ces perles-là. On
appelait des Finches les gens qu'il avait roulés.
Pauvre pâpa, c'était un Finch.

SAINT-SABAS

Qui donc ?

JERRY

Pâpa. Mon père. Shut up, Colly.

COLUMBIA., tendant la lorgnette.

Venez voir si elle ne s'est pas fait masser le nez.

(Saint-Sabas et Jerry se portent dans le fond. Au
même instant, la Duchesse et le jeune Lavriano appa-
raissent dans le couloir en même temps que l'Ouvreuse,
essoufflée et embarrassée d'une table pliante. Elle
manque de faire choir les arrivants en se précipitant
pour prendre leurs manteaux.)

SCÈNE IV

LES MÊMES, moins MEZQUITA, LA DUCHESSE, LAVRIANO

LA DUCHESSE, accent slave prononcé.

Donc pourtant, cette femme est folle.

L'OUVREUSE

Pardon. Excuse. J'ai z'effleuré, j'ai peur, le tibia
de Son Altesse Impériale.

LA DUCHESSE, désarmée.

Quelle oie ! (*Un temps.*) Si nous n'entrions pas,
Gricha ? Je suis de fort petite humeur ce soir... Et

pas du tout en veine d'Opéra. Le Rat-Mort, voilà qui me ferait du bien !

LAVRIANO

On vous attend. La Baronne a invité des gens. Vous ne pouvez pas faire cela.

LA DUCHESSE, plaintive.

Mais qu'est-ce que je peux donc faire, Gricha? (*Avec intensité.*) Une seule chose, je voudrais en ce moment... Non, pas toi... M'asseoir par terre et pleurer, là !...

LAVRIANO, froid.

Très princier. (*Mouvement vers la porte.*) Daignerez-vous ?

LA DUCHESSE, moins distinguée, soudain.

Parbleu, je sais pourquoi, il est pressé. Le Cheek, la Columbia!... Dire qu'il faudra lui laisser épouser ça, et faire un cadeau, conforme au rang ! au mien, je veux dire, car au sien, à elle, ça ne me ruinerait pas...

SAINT-SABAS, ouvrant la porte du dedans.

Enfin ! Cette table !... (*Il se trouve nez à nez avec la Duchesse.*) Comment ! Altesse ! Mille pardons ! (*Il appelle la Baronne.*) Chère amie, Son Altesse (*Tous reviennent. Il sort au-devant d'elle.*) Justement c'était...

LA DUCHESSE, entrant.

Qu'est-ce que vous comptiez donc trouver derrière cette porte, mon cher Saint-Sabas?

SAINT-SABAS

Vous voulez le savoir ? Votre table de bridge.

LA DUCHESSE, ravivée.

Ça, c'est gentil. Bonsoir, chère Baronne.

LA BARONNE, révérence de cour.

Altesse, combien bonne !...

LA DUCHESSE

C'est vrai qu'on va faire un bridge ? Voilà qui est sympathique. *Tristan* me bouleverse tellement... (*Au Doyen.*) Bonsoir. Viteu, viteu... (*A l'Ouvreuse.*) Dépêchez-vous et je vous pardonne le bleu que vous m'avez fait. (*A Jerry, plus sèchement.*) Bonsoir. Dressons l'autel sans perdre une minute. (*Elle salue du menton Columbia*)... soir. (*dont Lavriano baise aussitôt la main.*)

LA BARONNE

La salle est assez brillante. Si Madame veut bien que nous profitions du peu de temps que nous avons... L'entr'acte va bientôt finir...

(Elle aiguille ses invités vers le devant de la loge.)

LE DOYEN

C'est vrai, maintenant, avec ce répertoire wagnérien, qu'est-ce qui nous reste ? les entr'actes.

(Tous se transportent sur le devant, sauf Saint-Sabas qui s'affaire avec l'Ouvreuse pour installer la table.)

SAINT-SABAS, au groupe qui s'éloigne.

Soyez tranquilles, tout sera prêt pour le lever du rideau.

(Aude et le duc d'Altillac se montrent dans le couloir.)

SCÈNE V

LES MÊMES, AUDE, MEZQUITA, LE DUC D'ALTILLAC

AUDE

Il vaudrait peut-être mieux, tout de même, mon cher Duc, ne pas entrer en même temps.

SAINT-SABAS, ouvrant la table.

Aïe ! ça pince !

LE DUC D'ALTILLAC

A vos ordres, charmante amie. Je vais dire bonsoir à ma belle-sœur dans la baignoire au-dessous. Et je reviens. Au cas où nous ne pourrions pas causer, je compte sur vous tout à l'heure, pour le petit souper dont je vous ai parlé... Dans le pavillon de mon jardinier, ce n'est pas compromettant ?

AUDE

Ce serait amusant, mais un peu... coupable... Qui y aura-t-il ?

LE DUC

Les Nanvialle et les Villancourt, ils font une partie de bouis-bouis à Montmartre et reviennent là.

AUDE

A l'hôtel d'Altillac, rue Vaneau ?

LE DUC

Oui, c'est si mauvais dans les cabarets de la Butte...

SAINT-SABAS, baissé.

Ça boite ! (*A l'Ouvreuse.*) Une cale ?

LE DUC

Dites oui, ce sera assommant sans vous...

SAINT-SABAS

Une cale !

AUDE

Mais je vais à Versailles, ce soir.

SAINT-SABAS

Un papier plié quelconque.

(L'Ouvreuse fouille ses poches.)

LE DUC

Justement, ça simplifie tout.

L'OUVREUSE, tirant un papier de son tablier.

La lettre du syndicat !

SAINT-SABAS

Donnez.

(Il le met sous le pied boiteux.)

AUDE, coquette et s'attardant.

Vous croyez ! Il est gentil... (*Subitement grave.*)
C'est vrai qu'après tout, les choses sont plus simples

qu'on ne le croit... Pourvu qu'on les aide... (*Souriante, elle le congédie de son éventail porté à ses lèvres.*) A tout de suite, en tout cas...

(Il disparaît, elle heurte de l'éventail à la porte close.)

L'OUVREUSE, figée en une attitude tragique.

Quelqu'un. Eux !

SAINT-SABAS

Ouvrez donc.

L'OUVREUSE

J'ai fait mon sacrifice. (*D'une main défaillante, elle entre-bâille la porte.*) Oh ! pardon, Madame.

AUDE, entrant légèrement.

Mais on conspire, ici !

SAINT-SABAS, montrant la table.

Comme vous voyez. La Duchesse est là. Quelle mine émoustillée ce soir ! Vous devriez essayer une partie... vous auriez la veine, à moins que ce soir votre mari... Comment va ce bon Mezquita ?

AUDE

Pourquoi me demandez-vous cela ?

SAINT-SABAS, souriant.

Amusant, le dîner Servonneix ?

AUDE

Comme tous les dîners. J'ai dit du mal de vous. avec mon voisin.

SAINT-SABAS

Jean d'Altillac !

AUDE

Comment savez-vous ?

SAINT-SABAS

Je le vois tous les jours, au cercle... Est-ce qu'il me blague ?...

AUDE

Si sensible à la blague que ça, ô philosophe... cartésien ?...

SAINT-SABAS

Ça dépend.

AUDE

Soyez tranquille, il vous vénère. C'est même touchant. Votre avis, en toute chose, c'est sa loi, ses prophètes !...

SAINT-SABAS

Ainsi vous le quittez à peine... C'est vrai qu'il est gentil.

AUDE

Un amour !... Êtes-vous content ? (*A l'Ouvreuse.*) J'ai heurté deux fois. Est-ce qu'on n'entend rien d'ici, des bruits du couloir ?

L'OUVREUSE

Oh ! rien, Madame.

SAINT-SABAS

Excepté les ouvreuses.

L'OUVREUSE

Monsieur le Comte, si on peut dire...

JERRY, apercevant Aude qui se dirige vers le devant de la loge,
accourt au-devant d'elle en enjambant les chaises.

Oh ! j'ai eu peur que vous ne veniez pas !

(Il lui secoue la main.)

AUDE, le calmant.

Voyons ! voyons ! Laissez-moi saluer Son Altesse.
Je suis si impolie d'être en retard, quand il y a des
personnes augustes.

JERRY, passionnément.

Vous êtes bien pire qu'impolie.

(Elle le dépasse et va faire sa révérence à la Duchesse.)

L'OUVREUSE, elle tire sa montre.

Dix heures et quart. Voilà vingt minutes que je
suis une renarde !

SAINT-SABAS, montrant la table prête.

Eh bien, nous y sommes ! Et avant le lever du
rideau, comme je l'avais promis à Son Altesse !
Voyons, comme joueurs ? (A Jerry.) Vous, n'est-ce
pas, c'est promis. (Jerry fait un geste, lançant un
regard du côté d'Aude.) La Duchesse y compte. Puis
elle... moi... (A l'Ouvreuse.) Merci, ça suffira. Ne
laissez pas entrer pendant l'acte. C'est le règlement.
Comme à Bayreuth. Et puis... Mais je n'ai pas mon
quatrième !... Voyons, qui donc prendre ? La Baronne, la petite Mezquita ? ça ne sait pas ce que
c'est qu'un carton. Lavriano ? sa patronne le lui

défend, elle a juré à sa mère qu'elle ne le laisserait pas jouer. A sa mère !... Malheur !... Le Doyen ? pauvre vieux, qu'est-ce qu'il connaît comme jeu ? L'hombre ou le lansquenet ?...

L'OUVREUSE, s'oubliant.

Le bézigue, monsieur le Comte...

SAINT-SABAS

Ah ! le bézigue ! Ça, c'est rigolo. (*Elle s'éclipse, confuse.*) Avec ça, je n'ai personne !... Sapristi de sapristoche... (*Rattrapant Jerry qui tente de s'éloigner.*) Ah ! votre sœur, parbleu ! Le bridge, ça fait partie de toutes les éducations de jeunes Américaines, pas vrai ? avec la boxe, le ski, et la trompette de coach...

JERRY

Je vous en prie, pas elle ! No please ! Vous ne savez pas... Ce serait un scandale affreux.

LA DUCHESSE, du devant de la loge.

Eh bien, vous y êtes, Saint-Sabas ?... L'orchestre menace...

SAINT-SABAS

Altesse, je suis navré. Il manque un quatrième !

(Il vient sur le devant de la loge. Mimique explicative, la Duchesse se lève — tous les autres de même automatiquement — et descend vers l'avant-scène.)

LA DUCHESSE

Quelle contrariété ! Trouvez-nous quelqu'un,

Saint-Sabas. Cette soirée est mortelle. Il n'y a même pas la Kirker pour chanter Isolde : elle se repose, cette horreur, le jour juste où je viens.

LAVRIANO

Elle fait le lundi.

SAINT-SABAS

Repos hebdomadaire...

> (Dans le couloir, un monsieur, pendant ce temps, se débarrasse d'un pardessus de confection entre les mains tremblantes de l'Ouvreuse. Il apparaît en habit mal coupé, lisse ses cheveux trop longs et pénètre dans le salon de la loge, non sans embarras. Froid visible jeté par l'arrivée de l'intrus déjà stupéfait par la vue de la table de jeu et qui évidemment ne connaît que la Baronne. Sans saluer la Duchesse, il passe devant elle. On échange des regards étonnés, un peu goguenards, tandis qu'il s'incline devant la Baronne, et s'asseoit dos aux spectateurs, la bloquant dans son angle de corbeille.)

SCÈNE VI

LES MÊMES, L'INCONNU

LA DUCHESSE, presque en pantomime.

Qui est-ce ?

SAINT-SABAS, même jeu.

Sais pas.

LE DOYEN, même jeu.

Jamais vu cette tête-là. (*Avec dégoût.*) On dirait un artiste.

AUDE, incrédule.

Oh ! pas ici !

(Entre le duc d'Altillac.)

LA DUCHESSE

Voilà le sauveur !

LE DUC, lui baisant la main.

Altesse... Qu'il y a-t-il à sauver ?

(Il cherche de l'œil la maîtresse de maison.)

SAINT-SABAS

La patronne ? (*Il lui serre la main, d'un ton d'affection vraie.*) Comment va, mon petit Jean ? N'essaie pas d'arriver jusqu'à elle, elle est bloquée, en lecture...

AUDE, pendant que le Duc lui baise la main.

Un lecteur inconnu.

SAINT-SABAS

Mon petit Jean, tu ne voudrais pas jouer au bridge ?

LE DUC

Tu sais bien que je n'ai jamais tenu une carte, je ne distinguerais pas l'as de pique du nez de Mme Koore.

SAINT-SABAS

Désastre !

LA DUCHESSE, montrant l'étranger qui louvoie entre les chaises et
la table pour sortir.

Eh bien ! et celui-là ?

SAINT-SABAS

Personne ne le connaît.

LA DUCHESSE

La maîtresse de maison, en tout cas... Ça suffit, il me semble. Je veux. Ce sera drôle ! Sans quoi, nous manquons notre partie. Tenez, voilà que ça commence.

(Premières mesures du prélude du deuxième acte de *Tristan*.)

COLUMBIA

Oui, ne le laissez pas filer. Oh ! quelle alouette !

SAINT-SABAS, à l'étranger.

Mille pardons, Monsieur. Excusez notre hardiesse. Nous sommes dans l'embarras. Ces dames vous seraient obligées, Son Altesse la Duchesse de Kreuznach, en particulier. (*Sourire amène de la Duchesse.*) Enfin, jouez-vous au bridge ?

L'INCONNU, avec une affectation de politesse suspecte.

Oh ! Monsieur, je suis désolé. Croyez que ç'aurait été avec plaisir. Une distraction si agréable... quelle contrariété !...

SAINT-SABAS

Voyons, un bon mouvement !...

LA DUCHESSE

Nous osons insister.

L'INCONNU

C'est que la pièce...

SAINT-SABAS, LA DUCHESSE, LE DOYEN, stupéfaits.

La pièce !!

L'INCONNU, même jeu.

C'est que j'en suis...

LA DUCHESSE

Quoi ?

L'INCONNU

Eh bien, c'est que j'en suis l'auteur !

(Le silence qui suit la foudre. L'inconnu s'esquive avec des sourires mielleux.)

SAINT-SABAS, suffoqué.

L'auteur !

LA DUCHESSE

Hein ?

JERRY

Wâgner !

LE DOYEN

Vaguenère !

COLUMBIA, éclatant.

Oh ! oh ! quelle alouette !

LA BARONNE, arrivant, inquiète.

Qu'est-ce qui se passe ? Que vous a dit mon poète ? C'est un original sur qui je ne comptais pas du tout ce soir. On rencontre tant de monde... (*A la Duchesse qui est restée médusée, son face-à-main en l'air.*) Votre Altesse me semble hors de son assiette.

LA DUCHESSE

Hors de mon assiette ! Hors de mon assiette ! Ce n'est pas assez dire, ma bonne Baronne. Saint-Sabas, mon cher, quelle gaffe ! Venez écouter, vous l'avez mérité, jamais vous ne retrouverez une meilleure occasion d'entendre le duo de *Tristan*.

> (Tous se dirigent, résignés ou pouffant, vers le bord de la loge. Dans le couloir, l'Inconnu, qui a remis son pardessus, se tourne vers la porte de la loge et dit simplement :)

L'INCONNU

Tristan, à ces gens-là ! Ah ! les cochons !

> (Il disparaît aux yeux de l'Ouvreuse aburie, qui fait quelques pas à sa suite comme pour se rendre compte où il va.)

LE DOYEN, réconfortant la Duchesse.

C'est l'auteur des paroles, tout au plus. Aucune importance, aucune...

AUDE, à la Baronne.

On ne s'ennuie jamais chez toi, Clotilde. Il me faut l'adresse de ce délicieux fumiste pour mon prochain dîner. (*Au duc d'Altillac et à Jerry.*) Vous viendrez, oui. Remuer, vivre un peu. (*Accent anglais.*) Je vais tourner une feuille nouvelle, comme dirait M. Jerry.

LE DUC

Heureux qui verra l'envers de cette feuille-là...

AUDE

Chut ! mon ami. Ne me dites pas de ces choses-là, vous. Tenez, Isolde éteint sa torche. Taisons-nous.

> (Ils se placent l'un près de l'autre, elle, au troisième rang des chaises, lui, debout au-dessus d'elle, appuyé

à une des colonnes. L'obscurité a augmenté dans le
salon de la loge dont tous les occupants sont maintenant sur le devant. Mezquita surgit dans le couloir et
fait signe à l'Ouvreuse de venir lui ouvrir.)

SCÈNE VII

LES MÊMES, MEZQUITA

MEZQUITA

Doucement! Arrangez-vous pour que votre sacrée
porte ne crie pas. Qui est là ?

L'OUVREUSE

Je crois que tout le monde est rendu.

(Elle ouvre avec précaution, Mezquita s'introduit
sans être entendu. Il vérifie du regard, tout en se dis-
simulant, tous les occupants de la loge et s'assied sur
la banquette de gauche, les jambes étendues sur le
velours. Il les cache sous un paletot négligemment jeté
et, grâce à une sortie de bal suspendue qui masque sa
tête et son corps, devient invisible.)

COLUMBIA, revenant, cherche avec anxiété quelque chose sur la table
de jeu.

LE DUC D'ALTILLAC, la suivant.

Puis-je vous êtes utile, miss Colly? Pourquoi ne
pas m'envoyer le chercher, ce programme ?

(Il esquisse un vague geste d'appel vers Aude.)

COLUMBIA, cri.

Ah! je l'ai! Thank Goodness! Pourquoi je l'ai
cherché moi-même ? Devinez ?

LE DUC

Je ne devine pas.

COLUMBIA

Parce qu'il y avait ça dedans.

(Elle montre un papier plié.)

LE DUC

Et ça, qu'est-ce ? Un poulet du doyen ?

COLUMBIA

Quelle horreur ! (*Grave.*) C'est mes péchés. Je les confesse demain. Alors, pour ne rien oublier, j'écris.

LE DUC, amusé.

Quelle guigne de ne pas avoir trouvé ce programme ! Il y en avait long ?

COLUMBIA

Vous me choquez. N'êtes-vous pas catholique romain ?

LE DUC

Pardon, chère miss Colly. Mais c'est si rare de trouver réunies dans la même robe de chez Poiret une femme de tant d'ordre et un ange de tant de piété...

COLUMBIA

Comme vous êtes français !..

LE DUC

On ne se refait pas. Je parie que vous n'avez pas le courage d'en épouser un comme votre compatriote, la nouvelle princesse de Mons-en-Puelle !

COLUMBIA

Peut-être ! Pour dompter le brute !

LE DUC

Bravo ! Le sport dans l'amour ! Je croyais que le mari italien faisait prime de l'autre côté de l'eau, cette année ? Le mari italien broute où il est attaché. C'est moins sportif évidemment.

AUDE

Miss Cheek, la baronne m'envoie vous supplier d'accourir. Votre frère est sur le point d'avoir un accès de rire : conjurez ce malheur. Saint-Sabas a dit quelque chose de drôle et M. Jerry va certainement comprendre d'ici une ou deux minutes. Nous sommes à côté d'une bombe dont la mèche est à bout.

COLUMBIA

Je vois ! Il est déjà bleu dans la face. Ça va être terrifique. L'esprit français le fait rougir. Jerry !...

(Elle se précipite vers lui.)

LE DUC, à Aude.

Le pauvre, c'est en sanglots qu'il va éclater de vous voir le quitter.

AUDE

Mais non. C'est très vrai que Saint-Sabas a dit quelque chose d'absurde. A cause de l'embonpoint des deux chanteurs, il prétend que le roi Marke, en les surprenant et les voyant ainsi bastionnés par la

nature, dirait seulement : « Il n'y a pas de danger !... »
Enfin, c'est drôle, si on veut. Il est certain qu'on
aimerait mieux écouter la musique, mais j'y renonce.
Ils sont tous comme des crins là-bas. (*Elle montre
la loge.*) Votre belle-sœur va bien ? Pourquoi ne
parlez-vous pas ?

LE DUC

Je vous regarde.

AUDE, elle rythme de la tête, au passage, un thème familier montant
de l'orchestre.

Non, ne me laissez pas écouter cela ce soir. Faisons notre métier, jetons notre cri. (*Désignant la
direction de la scène.*) Ce cri-là est trop grand ;
soyons de notre bonne ville, et dites-moi comment
vont vos flirts.

LE DUC

Vous me prenez pour un serin ou vous êtes une
dangereuse coquette. Prenez garde.

AUDE, provocante.

A quoi ?

LE DUC

Vous me rendez fou.

AUDE

Justement. Écoutez le motif du philtre... Fou...
fou... que ce serait beau !... Je connaissais une amie
qui jouait du piano et disait : « Moi, je ne peux pas
faire de nuances, j'ai trop de goût. »

LE DUC

Je ne vois pas...

AUDE

Devenir fou, c'est excessif... c'est opéra! Vous avez trop de goût !

LE DUC

Je vous supplie de ne pas me parler ainsi. C'est injuste et méchant, surtout ce soir. Après ce dîner que je prévoyais si morne et pendant lequel vous avez été si charmante. Tenez, en entrant, je vous ai vue ; ça été une surprise, je ne savais pas que vous connaissiez les Servonneix.

AUDE, souriant.

Il n'y a pas longtemps, en effet, que je vois votre cousine.

LE DUC

Elle m'a fait son petit œil en m'annonçant que je serais près de vous. J'étais si heureux! Vous aviez quelque chose d'à part ce soir. Un je ne sais quoi d'alerte, de décidé, de comment dire, de risque-tout. Et puis, vous avez été délicieuse, et maintenant, tout à coup, vous n'êtes plus que spirituelle et blagueuse, à cent lieues de moi. Revenez ! on n'a pas le droit de traiter un garçon de la sorte.

AUDE

Pourquoi m'avez-vous dit que vous étiez malheureux ?

LE DUC

Ah ! c'est cela qui vous a déplu. Mes sottes confidences de collégien. Pourtant, vous m'interrogiez... Oh ! qu'à cela ne tienne ! En somme, mon malheur n'a rien que d'assez moyen : une mère qui est une sainte, une cousine belge à épouser trop vite, le désir de faire quelque chose, d'aimer quelque chose, sans que rien veuille ni vaille, excepté vous... Mais vous, vous n'aimez que le bonheur. C'est naturel quand on lui ressemble. J'ai été bête...

AUDE, tendre.

Oui....

LE DUC

Pardon ! Pardonnez-moi. Voyez, à genoux, je vous supplie.

> (Il met un genou et tente de lui baiser les bras. En faisant un mouvement de retrait, Aude lève la tête et aperçoit son mari debout dans le coin opposé de la loge, son revolver braqué sur le couple. Elle se lève brusquement ; le Duc, soudain retourné, se dresse d'un saut, tandis que Mezquita, le sourire aux lèvres, ouvre le faux revolver, qui est un étui de fumeur, et le tendant au jeune homme.)

MEZQUITA

Une cigarette, mon cher Duc. (*A Aude, en se baissant d'un mouvement rapide.*) Les voilà, vos gants, ma chère. (*Très naturellement.*) J'étais là, sur la banquette, une mauvaise habitude que j'ai quand je veux écouter. Et puis, je me suis assoupi, ma foi, dans les plis parfumés de votre sortie de bal. C'était comme une présence, je rêvais de vous. Je me suis réveillé tout à coup. Je vous croyais

4

moins près... ou davantage... (*Au Duc.*) Pas de cigarette, vraiment ?

LE DUC, se contenant et se forçant à prendre une cigarette.

Pour tout à l'heure, alors !

MEZQUITA

En rentrant à pied au club, ensemble ?

LE DUC

J'ai promis à la Baronne de la ramener. Elle y tient, paraît-il. Mais je passerai au cercle avant une heure.

LA BARONNE, du devant de la loge.

Comment, Sancho, c'est vous qui êtes là ! C'est honteux de nous abandonner.

SAINT-SABAS, s'avançant.

Vous jouez au bridge ?

MEZQUITA

Non, non. Les cartes et moi, nous sommes en froid.

LA DUCHESSE

J'attends donc vos hommages, don Sanchito...

(Il va vers elle, suivi de Saint-Sabas.)

AUDE, au Duc, d'une voix précipitée.

Vous ne prendrez pas mal cette grossière plaisanterie. Jurez-le pour moi, pour la pitié et l'amour de moi !

LE DUC

Aude!... (*Elle le maîtrise du regard.*) Je le jure!...

(Un tumulte éclate dans le couloir. On voit apparaître l'Ouvreuse fuyant, elle ouvre la porte de la loge, s'y réfugie et referme les battants en criant.)

L'OUVREUSE

Mesdames, au secours... Pardon, excuse! Messieurs, sauvez-moi. Ils viennent!

LA DUCHESSE, face-à-main.

Donc pourtant, je le disais que cette femme était folle.

LA BARONNE

Que signifie?

L'OUVREUSE

La C. G. T.! Ils arrivent! Ils en veulent à celles qui ont continué leur service. Le vestiaire B est saccagé.

JERRY

Mon chapeau!

LA DUCHESSE

Le knout! le knout!

LE DUC, aux hommes.

Allons voir ce qui se passe, voulez-vous?

LA BARONNE

Ne nous lâchez pas!

JERRY, regardant Aude.

Nous n'allons pas loin.

(Il sort avec Altillac et Lavriano.)

LA BARONNE

Je vous garde, Mezquita, Saint-Sabas...

SAINT-SABAS, arrètant son mouvement.

La réserve.

MEZQUITA

Pardon, mais je veux savoir à quoi m'en tenir.

(Il sort.)

LE DOYEN

Moi, je reste.

L'OUVREUSE

Ah ! merci !

SAINT-SABAS

La vieille garde.

L'OUVREUSE, verdissant.

Qu'est-ce que j'ai, les sangs me tournent. Ah! Ah! Ah !

(Elle se laisse tomber assise sur une des chaises res- tées devant la table de bridge. On s'affaire autour d'elle.)

COLUMBIA, pratique et prompte.

Qui a des sels ?

JERRY, faisant irruption.

Ils n'ont pu monter le grand escalier. Soyez calmes. Personne de meurtri. (*Apercevant l'Ouvreuse défaillante.*) Oh !

AUDE, bas, le prenant à part, elle n'a cessé d'être préoccupée depuis l'incident du revolver.

Jerry, un mot. Puis-je compter sur vous ?

JERRY

Jusqu'à la mort.

AUDE

Il se pourrait que j'eusse besoin de vous — cette nuit — un grand service.

JERRY

Oh ! merci. Je viens !

AUDE

Non. Je veux savoir où vous téléphoner.

JERRY

J'attendrai toute ma vie, N° 170-24.

COLUMBIA, penchée sur l'Ouvreuse.

Non, des sels, ça ne suffit pas. Des tractions mécaniques de la langue. Couchez-la sur deux chaises. Hurry up !

> (Aude a pris une carte sur la table, elle la regarde. C'est l'as de cœur.)

AUDE

Écrivez le numéro, là.

> (Il écrit et lui donne la carte pendant les répliques suivantes.)

L'OUVREUSE, devant les menaces de Columbia, est revenue progressivement à elle.

Ça va mieux, merci. (*Joignant les mains.*) Vous me défendrez !

LE DOYEN

Cora, mon enfant, qui m'aurait dit que je verrais cela ?

LAVRIANO, *réapparaissant.*

C'est fini. Ils sont refoulés dans l'escalier des secondes. Ça fait comme un nougat.

LE DUC

La garde républicaine balaie le reste.

LA DUCHESSE

Qu'était-ce ? Vous n'avez rien, Gricha ?

LAVRIANO

Rien. Ce n'est rien.

LE DUC

Une douzaine de croquants, amis de ces dames, sans doute, qui ont cassé quelques parapluies et quelques verres au buffet. La représentation n'a pas bronché, vous entendez bien.

SAINT-SABAS, *montrant la direction de la scène.*

Oh ! ceux-là, il faudrait le tonnerre pour les arrêter. (*Puis regardant par la porte dans le couloir.*) Mais ici, tout est calme, c'est délicieux. Quelle paix !... Elles sont peut-être toutes mortes.

L'OUVREUSE

Ah ! j'ai peur. Ne me chassez pas encore.

COLUMBIA

Elle va tourner son œil encore. Debout ! Du pluck ! Sautez sur un pied !

SAINT-SABAS, se frappant le front.

Oh! quelle idée!... Attendez! Je parie qu'elle joue au bridge.

L'OUVREUSE

On tire un peu les cartes. Dame! Faut connaître tous les jeux.

SAINT-SABAS

Elle joue, Altesse, elle joue!...

LA DUCHESSE, radieuse.

Mais voilà donc maintenant qui va être intéressant. Nous sommes sauvés! Je suis ravie, Saint-Sabas. Vite, vite, vite. Avant que le roi Marke soit parti, nous avons le temps de faire un jeu. (*Ils s'assoient.*) Monsieur Cheek, pas se défiler!... mettez-vous ici. (*Au Doyen.*) Coupez, innocence!

(Aude sort de la loge sans être aperçue, sauf de Jerry qui la suit des yeux. Elle trouve son mari dans le couloir.)

MEZQUITA

Venez.

AUDE

Ah! Sancho! Je craignais qu'il vous fût arrivé quelque chose.

MEZQUITA

Non, rien. Rentrons.

AUDE

C'est un peu difficile ainsi, à cause de la Duchesse.

MEZQUITA

Je me f.... de la Duchesse.

(Ils disparaissent. La Baronne attire le duc sur le devant de la loge.)·

L'OUVREUSE

Oh ! qui m'aurait dit ?... (*Mutine.*) Quel beau jour pour moi !... (*Au Doyen.*) Vous coupez comme Morny, tout le même geste... Ah ! le bon temps !

(Elle soupire et rit, frivole et sentimentale.)

LE DOYEN, se penchant vers elle.

L'as-tu assez gardée, ton âme de lorette !

(La partie continue.)

RIDEAU

ACTE II

Un salon au rez-de-chaussée, dans l'hôtel des Mezquita.

SCÈNE PREMIÈRE

LE MARQUIS DE LA FLOURÈRE, JACOB

Entre le marquis de la Flourère (type de gentilhomme
campagnard, tenue de voyage sans prétentions anglo-
manes). Il se retourne vers la porte et crie dans le ves-
tibule.

LE MARQUIS

Ne rentre pas ma valise, Jacob ! Fourre-la dans un
coin. Je ne reste pas.

JACOB, paraissant, accent breton.

Monsieur le Marquis arrive à des minuits (*Il regarde la pendule.*) pour repartir tout de suite !...

LE MARQUIS

Pas exactement tout de suite, mon brave Jacob.
Mais je ne coucherai pas ici, pas sous ce toit... Je
comptais seulement m'informer en passant si mes

enfants, je veux dire si madame Mezquita était bien
à Paris. Et tu me dis qu'ils vont rentrer...

JACOB

Ils devraient être là. L'opéra ne finit guère plus
tard que la demie d'onze heures.

LE MARQUIS

Je sais bien qu'Aude ne se couche jamais. Je gage
que j'ai plus de chance de la voir sans la déranger
ce soir que demain matin?

JACOB

Dame oui, dame.

LE MARQUIS

Et, comme cela, je pourrais rentrer de bonne
heure à Saint-Briac, par le premier train. Ma pauvre
femme y a besoin de moi.

JACOB

Monsieur le Marquis a laissé tout le monde en
bonne santé au pays?

LE MARQUIS, les bras levés.

Ah! mon pauvre Jacob!... Heureusement, le bon
père est là. C'est un saint, Jacob, un tel saint... Ah!
les pauvres femmes...

(Entre Aude en manteau du soir.)

SCÈNE II

LES MÊMES, AUDE

AUDE

Mon père ! Quelle surprise !
(Jacob, confus, s'esquive.)

LE MARQUIS, embrassant sa fille.

Chérie ! Tu es seule ?

AUDE, montre la porte.

Sancho arrive.

LE MARQUIS, vivement.

Je ne veux voir que toi.

AUDE

Rien d'ennuyeux ? Quelle mine, mon pauvre papa ! Qui vous tourmente encore ?

LE MARQUIS

Ah ! S'il ne s'agissait que d'argent ! (*Entendant marcher dans l'antichambre.*) Je me sauve dans le fumoir.
(Il sort comme entre Mezquita.)

SCÈNE III

AUDE, MEZQUITA

MEZQUITA

Qu'est-ce que cette horrible valise dans l'antichambre ?

AUDE. (Pendant toute la scène, on doit la sentir ménageant son mari qu'elle craint avant tout d'exaspérer, mais sauvant tout de même sa dignité autant que possible et son avantage de femme offensée, rendant et reprenant selon le cas.)

Oh ! La vieille « vache » — c'est le mot propre — de la berline de Saint-Briac ?... Mon pauvre père qui en est si fier ! Et de s'en servir « par économie », comme il dit...

MEZQUITA

Votre père est là ?

AUDE

Oui, il arrive. Je ne voulais pas qu'on vous prévînt. Pauvre homme, il a si mauvaise mine.

MEZQUITA

C'est odieux à la fin, de n'être jamais seuls. Après ce vieux crétin de doyen qu'il a fallu ramener à sa chaise percée... voilà votre père maintenant... Et ce sera plus cher.

AUDE

Vous vous trompez, Sancho. Mon père ne veut pas vous déranger. Il m'attendra jusqu'à demain, s'il le faut. Vous pouvez me donner quelques minutes ?

MEZQUITA

J'allais vous les demander.

AUDE

Merci. Asseyez-vous...

MEZQUITA

Non.

AUDE, sourcillant sous cette brutalité, mais sans perdre son sang-froid
ni son ton de douceur appliquée.

Tout à l'heure, dans cette loge, que vous a-t-il
pris? Qu'avez-vous imaginé? Qu'avez-vous voulu?
Je ne vous reproche rien, pas même mon saisisse-
ment, ce choc affreux dont j'ai tâché de cacher
l'effet, mais qui a été... (*Geste de porter les mains à sa
poitrine avec une aspiration brusque.*) Mais je voudrais que vous m'expliquiez.

MEZQUITA

Je croyais avoir eu l'honneur, fière et pudique
épouse, de trouver, oh! par hasard, un homme à vos
pieds.

AUDE

Soit, j'en conviens. Il y avait un homme à mes
pieds. Voilà.

MEZQUITA

Osez-vous?

AUDE

Regardez-moi, Sancho. Est-ce que j'oserais si...
Avez-vous entendu un mot, un *seul* qui vous auto-
rise à croire que cet homme me soit rien de plus
qu'il ne doit? Répondez?

MEZQUITA, la fixant.

Ah! vous me bernerez encore!...

AUDE

Je ne vous ai pas demandé de m'insulter; mais de
me répondre.

MEZQUITA, les dents serrées.

Je ne sais pas.

AUDE

Vous l'avouez.

MEZQUITA

Non, je ne sais pas. Sans quoi... Mais vous lui parliez d'une voix que je n'avais jamais entendue. Je sais cela.

AUDE

C'est possible. Il faudra que je surveille ma voix. Il est certain que je ne vous parle pas sur le même ton qu'à Guy ou à Gontran... Sancho, je vous sens crispé, buté, c'est désolant, cette folie de ne pas vouloir entendre.

MEZQUITA

J'ai entendu...

AUDE

Vous vous faites plus méchant que vous n'êtes. Vous vous rappelez cette bête de chez vous que nous vîmes ensemble au Zoo à Londres : le puma.

MEZQUITA

Pou.

AUDE

Comment?

MEZQUITA

Pou-ma.

AUDE

Ah! Merci. Le pouma. Cela se jetait aux barreaux, griffes et crocs dehors et, un instant après, c'était sur le dos à jouer comme un chat avec le bout de mon ombrelle. Et il faut donc que je trouve un

moment, moi, malheureuse, entre ces états d'âme...
extrêmes, pour vous parler *raison*. Comme c'est
facile !

MEZQUITA

Qu'ai-je à faire de votre raison ?

AUDE

Vous êtes encourageant, mon ami. Ah ! j'ai pourtant besoin qu'on m'aide !...

MEZQUITA

Oh !

AUDE, demi-rire énervé.

Vous êtes insupportable ! Vous le faites exprès...
(*Sérieuse.*) Voulez-vous comprendre que je ne peux
pas traiter le duc d'Altillac comme ferait une provinciale bousculée. Que sans lui donner l'ombre d'une
présomption sur moi, je puis accueillir son hommage — moi, comme une autre, comme dix autres !
— sans une rigueur, une parole de vertu farouche,
qui ne sont pas dans nos habitudes, nos convenances, notre tran-tran social et ne tendrait à rien
moins qu'à me couvrir de ridicule... et vous aussi.

MEZQUITA

Certes ! Cocu, je serais moins drôle !

AUDE

Notre position à Paris est-elle donc si franche
que nous puissions nous permettre d'égayer de la
sorte une société qui n'a pas besoin de nos leçons?

MEZQUITA

Alors, il faut lui offrir sa femme, à votre société, en échange de ses grimaces et de ses bouts de carton ? Je trouve ça roide ?

AUDE

Mais, si absurde qu'elle soit, cette société, c'est la mienne ; j'en suis une parcelle, Sancho, hors d'elle diminuée, ternie, démonétisée. J'en sors, qu'y faire ! Et j'en suis même un peu plus sortie qu'elle n'admet en épousant un étranger. Je ne vous blesse pas ?...

MEZQUITA

Eh ! Non !

AUDE

Or, je me suis ingéniée, depuis notre mariage, à reconquérir pour nous deux la place que nous avions droit d'occuper. Et je sais que le jour où nous serons reçus chez la Duchesse douairière d'Altillac, nous aurons gagné une partie, réintégré notre clan.

MEZQUITA, sarcastique.

Ah ! C'est la douairière !...

AUDE

Sancho, je ne veux pas rire... Voilà, je vous ai expliqué... Il faut que vous me donniez ce dont j'ai besoin pour nous deux, je le répète, de la confiance, un peu de liberté. Vous avez été inouï, ce soir ! Quel effet voulez-vous que produise au milieu du flirt le plus innocent...

MEZQUITA

Le plus innocent...

AUDE

... L'apparition que vous avez faite!... On a beau vous connaître... La plaisanterie était un peu vive... M. d'Altillac l'a prise bien; mais, sinon, réfléchissez aux conséquences! Un duel avec ce garçon? Mais ce serait le désastre! La ruine de mes efforts, de mes espérances, de ma réputation. Je perdrais tout.

MEZQUITA

Il ne vous resterait que moi.

AUDE

Quelle manière de répondre!... Mais à vous que resterait-il ensuite de moi? Mon amer ressentiment, voilà tout. Et ce serait justice.

MEZQUITA, d'une voix sourde.

Pourriez-vous me haïr plus?

AUDE

Sancho...

MEZQUITA

Car je sens que vous me haïssez. Voilà pourquoi toutes les paroles que je viens d'entendre, cela fait comme un bruit vain de vent dans les roseaux. Les nuits d'affût, on attend ainsi longtemps, dans les ténèbres, le départ brusque et désiré du gibier. Une parole vraie, un mot ému, je les ai attendus aussi à travers le ronron de vos arguments, de vos « raisons ». Rien n'a jailli du cœur au cœur.

5

AUDE

Du cœur au cœur ? Mais vous êtes l'amant d'une autre ! Oh ! vous êtes libre, certes. Mais dès lors, et comme, depuis, d'un commun accord, nous avons séparé nos existences d'époux, il me semblait de meilleur goût, plus discret...

MEZQUITA, les dents serrées.

Vous m'avez forcé...

AUDE

Forcé ?

MEZQUITA

Je ne suis pas de vos amants de papier mâché que le désir d'une châtre pour toutes. J'ai tâché de vous oublier dans la première chair qui s'offrait. Voilà tout. Je n'ai pas réussi. C'est vous que je voulais. C'est vous que je reveux plus ardemment, après ce long jeûne. Vous n'avez donc pas compris cela, vous qui parlez toujours de comprendre ? Je n'en ai pas besoin, de votre monde. Il me rase et il me pèse. Il n'avait rien à m'offrir, que vous. Et il vous reprend. Je ne l'en hais que plus. Et il le saura !

AUDE

Que voulez-vous faire ?

MEZQUITA

Qu'avez-vous donc si peur que je fasse ?

AUDE, se contenant.

Des gaffes, mon cher, des gaffes. Voilà tout. Je

ne vous ai pas reproché une rivale, alors vous cherchez mieux et c'est un scandale que vous m'offrez ! Il faudrait peut-être me gagner par d'autres douceurs !

MEZQUITA

Aude, savez-vous ce que c'est que l'envie de tuer ? Le grand vent chaud qui vous soufflète et vous soulève, dans lequel on n'est rien, on jouit de n'être rien. C'est comme l'envie de posséder. La même chose. Je n'ai jamais senti comme à cette minute combien c'est la même chose !... Le même désir, Aude. Il y a deux portes. Celle de la vie et celle de la mort. Je frappe ! A laquelle ? Choisissez ?

AUDE

Que voulez-vous ? (*Le regard de Mezquita se fait éloquent.*) Ah !...

MEZQUITA

Oui. Et ce soir.

AUDE

C'est une mauvaise plaisanterie...

MEZQUITA

Oh! C'est pire encore, je le sais. C'est un marché. Ça n'est pas « chic ». Non, je ne suis pas chic. C'est des choses qu'il faut être pris jeune. Mais qu'y faire ?

AUDE

Vous cherchez la preuve que je n'en aime pas un autre. C'est cela, n'est-ce pas? Mettons que je vous

accorde ce que vous me demandez. Qu'est-ce que
cela prouve ?

MEZQUITA

Quoi ?

AUDE

Quelle femme ne subirait... n'importe qui, pour
sauver l'homme qu'elle aime, en supposant qu'elle
aimât. Et j'ajoute qu'une femme se livrerait pour
moins encore, m'entendez-vous, par humanité, horreur du sang, du scandale... Même, même s'il ne
s'agissait d'un mari qui réclame son droit ! où est-
elle, là-dedans, votre preuve, Sancho ? Qu'aurez-
vous de plus, sinon le regret d'avoir exigé, oh !
sans grâce, et obtenu, sans gratitude, d'avoir blessé
ma dignité, flétri d'avance ce qui aurait pu renaître
en mon cœur d'affection, malgré tout, un jour...

MEZQUITA

C'est vrai, tout cela. Mais trop tard ! Vous ne me
déjouerez plus. Je *veux* être injuste, brutal et lâche,
j'en suis fier. Je m'en délecte. Je ne sais pas, moi,
vos tours de passe-passe, vos boniments de « che-
valerie »... Il y a un fait ! Je voulais m'arracher de
vous. Je ne peux pas. Alors, un peu de temps
encore, je vous *mendie* à vous-même. En attendant
que je vous vole, vous qui êtes pourtant mon bien,
mon faux bien... Mais d'abord je vous disputerai à
votre caste qui me repousse, à l'amant qu'elle vous
prépare, si ce n'est déjà fait... Je piétinerai la caste.

Je tuerai l'amant. Je vous reprendrai... (*Aude chancelle.*) Qu'y a-t-il ?

MEZQUITA

AUDE

Rien. C'est passé.

MEZQUITA

Oh ! je ne sais plus ce que je dis... Vous voilà, toute tremblante... et si délicieuse ainsi... Elle va avoir peur de moi maintenant. Ce sera complet.

AUDE

Je n'ai pas peur.

MEZQUITA

Moi qui, si vous faisiez un signe, si vous murmuriez un mot, un seul, qui ressemble à de l'amour, me coucherais sous vos pieds, dans la boue. Tenez, je vais vous laisser, oui, n'est-ce pas ? Ce oui-là est venu vite... je vais aller attendre là-haut pendant que vous vous remettrez et que vous expédierez le Marquis. J'attendrai, très calme, dans votre chambre, de peur que les spectres me visitent encore. Je vous attendrai, là-haut, très obéissant, aussi patient que je pourrai, aussi tendre que vous voudrez, Aude...

(Il sort en continuant de la regarder.)

SCÈNE IV

AUDE, LE MARQUIS

(Aude, immobile, reste en proie à une angoisse visible. Puis, courant à la porte derrière laquelle attend le Marquis, elle l'ouvre et appelle.)

AUDE

Mon père !... Pas de lumière... Parti !... (*Le Marquis paraît.*) Ah ! Vous êtes là. J'ai eu peur... Que faites-vous dans le noir ?

LE MARQUIS

J'avais commencé un chapitre de ma vieille Imitation (*Il montre un petit livre usé.*) et puis j'ai réfléchi que, pour dire son chapelet, on n'a pas besoin de lumière.

AUDE

Qu'y a-t-il ?

LE MARQUIS

Tu es seule ?... Ah ! j'aurais cru que mon chapelet me donnerait du courage... Ça n'a fait que m'empêcher de penser, de préparer... Ma pauvre chérie, je vais te laisser dormir...

AUDE

Non. Vous ne partirez pas. Je vous en prie !...

LE MARQUIS

Quel ton fiévreux ! Je t'agiterais encore... Causons demain matin, veux-tu, je reviendrai...

AUDE

Non. Tout de suite. J'ai le temps, tout le temps. (*Regard furtif au plafond.*) Que parlez-vous de revenir ? Vous avez bien donné ordre de préparer votre chambre ?

LE MARQUIS, *promptement.*

Je ne coucherai pas ici.

AUDE

Pourquoi ?

LE MARQUIS

Je ne veux, je ne peux plus rien devoir à cet
homme.

AUDE

Quel homme ? Mon mari ?

LE MARQUIS

Ne dis pas ce mot ! Ah ! toi non plus, toi non plus,
tu ne peux pas !

AUDE

Quoi ?

LE MARQUIS

Rester ici, pas même une heure !

AUDE

Moi non plus !... Je ne sais pas ce que vous allez
me dire, mais vous répondez à mes pensées singu-
lièrement ce soir... Bizarre à-propos. Qu'avez-vous
à m'apprendre ? Je veux tout savoir.

LE MARQUIS

Tu comprends que si je débarque ainsi de Bretagne, en pleine nuit, il y a raison grave, urgente...
Je voulais différer, — on est lâche à la pensée de faire
mal, surtout quand c'est sa faute !... et puis, l'idée
que toi, ma fille, tu resterais une minute de plus
au milieu de ces choses, aux côtés de cet homme,

contre cette fange… cette idée m'a mis l'épée aux reins, jeté dans ce train avant que le Père ait fini seulement l'affreuse histoire…

AUDE

Le Père? Votre jésuite?…

LE MARQUIS

Oui, notre Père, notre Saint, Aude… S'il avait été là, rien ne serait arrivé! Ah! que nous avons été coupables! Si j'avais su, si j'avais su!

AUDE

Voyons, mon père, du sang-froid. Il ne s'agit pas de ce que vous auriez dû savoir, mais de ce que vous savez. Les faits? Parlez.

LE MARQUIS

Tu te rappelles que le Père avait été fâché que nous t'ayons mariée pendant son absence, ce séjour à Rome, sans presque l'avoir consulté… Un escamotage, il a employé le mot. En vérité, nous étions talonnés par ces infernales échéances de Vannes…

AUDE

Je sais… et puis?

LE MARQUIS, prêtant l'oreille.

Qui est-ce qui marche là-haut?

AUDE

Celui dont nous parlons. Il ne peut pas entendre.

LE MARQUIS, plus bas.

Je le croyais dehors, comme toujours à cette heure. C'est pour ça que, si tard, je venais... Je pensais même t'emmener !...

AUDE

Faites ça !...

LE MARQUIS

Tu es malheureuse ? Ça me donnera du courage. Triste courage, hein ?

AUDE

Alors ?...

LE MARQUIS

Alors, le Père, sans prévenir, a fait une enquête là-bas, sur le passé de... (*Il montre le plafond.*) Ça lui était facile, à cause de toutes leurs maisons làbas, où ils sont puissants. Une enquête pour nous rendre service et un peu pour nous montrer aussi que ça portait malheur de faire fi de ses services, à lui. Il y a quarante ans qu'il dirige ta mère... Il a *raison*.

AUDE

Ça, ça m'est égal. Qu'a-t-il appris ?

LE MARQUIS, avec effort.

Eh bien, que... dans un tripot des bas quartiers de Mexico, dans la nuit de Noël 1906, tu vois, je suis précis, ton mari, je veux dire ce Mezquita... ou du moins l'aventurier que nous appelons de ce nom, car il est faux... eh bien, que cet homme a été publiquement déshonoré !

AUDE

Pour ?...

LE MARQUIS

Ah ! je te fais mal... (*Aude accentue énergiquement son interrogation.*)

AUDE

Il a triché ?

LE MARQUIS

Oui.

AUDE

Il ne joue jamais.

LE MARQUIS

Sais-tu pourquoi? Tu as vu cette cicatrice en triangle sur le dos de sa main?... C'est la marque du stylet qui cloua la main et la carte qu'elle cachait sur la table du bouge. Un voisin avait vu. On se fait justice soi-même, là-bas.

AUDE

Après?...

LE MARQUIS

Comment il a pu se déclouer, fuir, quitter la ville, je ne sais pas. Il avait assez d'argent pour acheter la police, ses gains étaient à l'abri. Car c'est cet argent-là, sa fortune. C'est ça, ce luxe, ces tableaux, ces perles, cette robe... Allons-nous-en !

AUDE

Ces faits sont exacts ? Contrôlés ?

LE MARQUIS

Hélas ! J'ai vu ! Un vrai dossier ! L'enquête a été menée comme par un professionnel. J'ai vu des lettres de témoins qui se confirment, j'ai tenu dans ces mains les preuves d'un état civil fabriqué... On sait le vrai nom...

AUDE, avec une ironie crispée.

Pas moi !...

LE MARQUIS

Il y a jusqu'à la carte, un as de cœur, avec le trou et du sang autour... Pourras-tu jamais, jamais me pardonner !

(Un silence. On entend le pas de Mezquita arpentant la pièce au-dessus, plus sonore à l'endroit du parquet où le tapis manque.)

LE MARQUIS

Il marche plus vite, on dirait. Pourquoi marche-t-il ainsi ?

AUDE

Il s'impatiente peut-être... (*Elle se lève.*) Oui. Partons. Avant tout, sortir d'ici... Mais pour aller où ?

LE MARQUIS

Nous couchons à l'hôtel Ozanam, rue Saint-Placide, au coin de la rue Vaneau.

AUDE

La rue Vaneau ?...

LE MARQUIS

Oui, des Bretons, des gens excellents, tiennent la maison... Et demain matin, nous prenons le train pour Saint-Briac. Là, le Père te confirmera tout...

Tu seras bien pour lui ? Il le faut. Pour l'annulation, nous en aurons besoin.

AUDE

L'annulation... Avec quoi ?... C'est la ruine. La liberté aussi c'est cher !...

LE MARQUIS

Ne t'occupe pas de ça. Je suis responsable. Je vendrai Crénan, s'il le faut...

AUDE

Vous n'avez plus rien à vendre. Vous n'aviez que moi !

LE MARQUIS

Tu es dure.

AUDE

Pardon, père. La souffrance ne rend pas bonne. Un cœur déchiré n'est pas généreux.

LE MARQUIS

Ton cœur ? Tu ne vas pas me dire que tu aimais cet homme ?

AUDE

Soyez tranquille. Non.

LE MARQUIS

Ah ! tu m'as fait peur. Tu as toujours été une enfant difficile.

AUDE

J'ai subi ce mari comme tant d'aïeules ont subi les leurs, depuis toujours. Ah ! nous sommes sortis

de bien des dégoûts. Ça nous reste. Je les sens
refluer tous à la fois du fond de mon sang ce soir
et qui m'étouffent.

LE MARQUIS

Je souffre autant que toi.

AUDE

Pauvre père!... c'est presque vous que je plains le
plus. Car pour moi, malgré tout, si cher que je la
paie, c'est tout de même la liberté! Je m'évade! Oh!
en rampant, par l'égout, au prix d'affreuses souillures
et vers quels cruels hasards... Mais qu'importe, je
m'évade... Écoutez le geôlier qui monte la garde
là-haut, je n'entendrai plus son pas lourd.

LE MARQUIS

C'est vrai qu'on ne l'entend plus...

AUDE

Oh! il est là. Il veille. (*Elle défait son collier, le
jette sur la table.*) Dépêchons-nous. Cette fourrure,
je la renverrai... (*Elle s'arrête en route vers la porte.*)
Ah! c'est lâche de fuir ainsi.

LE MARQUIS

Pourquoi? Une explication t'avilit.

AUDE

Lâche, et fou! C'est une bête féroce que je dé-
chaîne. Il se vengera sur ce que j'ai de plus cher,
sur...

(Bruit sourd de porte qui retombe.)

LE MARQUIS

Qu'est cela ?

AUDE

La porte! Il est parti.

LE MARQUIS

Je te disais bien qu'on ne marchait plus... C'est très bien ainsi... Tu peux laisser ce mot... Mais, qu'as-tu ? Crois-tu qu'il aurait pu entendre ?

AUDE, haletante.

Non, impossible. Non, je tardais... C'est l'idée fixe, l'obsession de la jalousie... l'explosion... Il est parti comme un boulet. Je le connais... Ah ! c'est la fin, le désastre! Courez, rattrapez-le, mon père...

LE MARQUIS

Mais qu'as-tu ? Trop tard. L'auto démarre...

AUDE

Père, j'aime Jean d'Altillac, et cet homme qui part est parti pour le tuer !

LE MARQUIS

Tu aimes ?

AUDE

Oui, j'ai le droit, n'est-ce pas ?

LE MARQUIS

... Et qu'est-ce qui te fait croire ?...

AUDE

Il y a eu ce soir une sorte, pas d'altercation, mais quelque chose dans ce genre, dans la loge où nous

étions ensemble à l'Opéra. Jean est fier, l'autre jaloux. Ils vont se provoquer. J'en ai la certitude
plantée là comme un couteau. Ils vont se colleter à
ce cercle. Il ne faut pas qu'ils se joignent. Il faut les
empêcher... Allez, je vous en supplie... Tant que je
gardais Mezquita dans la maison, j'étais tranquille...
Il a trouvé que je tardais...

LE MARQUIS

Malheureu e enfant, que te dire ?

AUDE

Ah ! l'idée que ce misérable par qui j'ai tout perdu
va me prendre encore le seul bien qui me rattache
à la vie !...

LE MARQUIS

Que veux-tu de moi ?

AUDE

Courez au cercle. Là, c'est Mezquita qu'il faut
d'urgence demander, voir, isoler...

LE MARQUIS

Il me fuit.

AUDE

Ne donnez pas votre nom. Soyez simplement un
messager que j'envoie. Je le réclame, supplierez-
vous, *immédiatement*... Une fois ici. Ah ! tout cela
est absurde, hasardeux, inefficace... mais on ne
délibère pas sous la hache, je ne peux pas y aller
moi-même !

LE MARQUIS

Je te le ramènerai !
(Bruit de la porte.)

AUDE

On rentre. Le voici !

LE MARQUIS

Lui ! Qu'allons-nous faire ?

AUDE, son visage s'éclaire.

Ça m'est égal. Mais Jean est sauf. Il n'y aurait pas
eu le temps matériel... Jean est sauf !... Jean est
sauf... Ah ! qu'on ne voie pas ma figure...
(Elle éteint le lustre. Une lampe basse reste seule
allumée. La porte s'ouvre. La Baronne soulève la portière.)

SCÈNE V

LES MÊMES, LA BARONNE, SAINT-SABAS

LA BARONNE

Bonjour !

SAINT-SABAS, la suivant.

Combien d'excuses, chère Madame ! Mais nous
venons par ordre supérieur !

AUDE, sur le point de défaillir.

Clotilde !... Saint-Sabas !... Vous...

LA BARONNE

Oui, c'est nous... Et à quelles heures, hein ? C'est
qu'on te connaît. (*Apercevant le Marquis dans*

l'ombre.) Ton mari est là? Mais non. Qui est-ce donc? Que je vous voie?... Tu permets, chérie?... (*Elle tourne le bouton du lustre.*) Je connais la maison... Mais c'est le Marquis! Quelle surprise!... Où est donc le maître de maison? Au cercle, sans doute... Et depuis quand êtes-vous ici, monsieur de la Flourère?...

(Elle continue à parler avec le Marquis, dont l'embarras ne lui échappe pas plus que le trouble d'Aude, qui a, cependant, repris possession de ses nerfs et à qui s'adresse Saint-Sabas.)

SAINT-SABAS

La Duchesse est enragée. Sous prétexte qu'elle a de la veine, elle ne veut pas entendre parler d'interrompre la partie. Au point que je suis chargé de l'annoncer avec sa suite chez vous! Elle sait que vous vous couchez tard... Résignez-vous, c'est flatteur... Le temps d'avaler une douzaine d'écrevisses chez Paillard, où nous venons de la semer avec Lavriano, et elle est ici! Mais il nous faut Mezquita. Son absence serait dans la circonstance de la dernière incorrection...

AUDE

Sans doute...

LA BARONNE

Et nous avons déjà eu assez chaud ce soir, quant aux incorrections, tu sais!... Ouf!... Lorsque j'y pense!... Qu'en dis-tu?

AUDE

... Justement, je venais d'obtenir de ce cher papa
que voilà qu'il aille à la bibliothèque du club me
chercher la *Revue*, — il y a un roman du dernier prix
Goncourt. Ça m'est nécessaire pour dormir. Peut-
il prendre ton électrique? Il nous ramènerait en
quatre minutes mon bouquin et mon mari?

LA BARONNE

Entendu. Viteu, viteu! comme dit l'Altesse...
(*Le Marquis sort. Aude n'ose le suivre que d'un
regard éloquent.*) En somme, tout s'arrange, et c'est
bien heureux. Après l'aria de ce polisson qui nous a
raconté qu'il était l'auteur de *Tristan*. Non! c'est
trop fort! et la grève! et même ta fuite à l'anglaise,
ma petite Aude..., je pouvais craindre que l'Altesse
ne gardât de cette soirée chez moi qu'un souvenir
de catastrophes... Ceci sauve un peu nos mises.
Dire que tu aurais pu être sortie!...

AUDE

A cette heure-ci?

LA BARONNE

Dame! je le suis bien, moi!

SAINT-SABAS

Et moi donc!

AUDE

Au fait, que devient le club sans vous à cette
heure, cher monsieur de Saint-Sabas? C'est le ren-
versement de tout.

SAINT-SABAS

Je vous dis que la Duchesse était enragée. On a
dû nous fiche à la porte de l'Opéra. Elle se cramponnait sous les housses... suppliait l'Ouvreuse,
laquelle, du reste, quand vous avez emmené le Doyen,
est devenue toute gaillarde !... Je n'ai même pas
trouvé le temps de prévenir au cercle.

LA BARONNE

Le petit duc va faire des folies ?...

SAINT-SABAS

Hein ? Quelles folies ?...

LA BARONNE

Dame, sans vos conseils...

SAINT-SABAS

Ça n'est pas les conseils qui lui manquent. Vous
aviez tout l'air de le chapitrer sur le devant de la
loge pendant la fin de l'acte... Hein ? Ça n'en finis-
sait plus...

LA BARONNE

Oh ! des potins...

SAINT-SABAS

C'est votre vie, pas vrai ?

LA BARONNE

Voulez-vous que je vous le dise, de quoi il s'agissait ? Eh bien, répondez... Ce que c'est que la bonne
éducation !... Comme s'ils n'en mouraient pas d'envie, tous les deux !... Soit. Je ne vous le dirai pas.

SAINT-SABAS

Quelle femme !...

LA BARONNE

Je lui parlais d'un mariage.

SAINT-SABAS

Hein ?

LA BARONNE

Hé là !

SAINT-SABAS

Il est fiancé !

LA BARONNE

Oh ! la petite Belge...

SAINT-SABAS

Mais c'est tout ce qu'il y a de plus sérieux. Raisons solides, convenances de fortune, de naissance, etc... Et ils s'aiment, les enfants. En voilà une idée...

LA BARONNE

Écoutez-le. Le faubourg tout entier, à sa proie attaché !

AUDE

Et... la candidate ?

LA BARONNE

Ça t'intéresse ? La petite Cheek.

SAINT-SABAS

Ah non, ah non ! Je vois la tête de ma pauvre amie, la Douairière ! Elle est gentille, la petite Columbia, bien sûr, mais, tout de même, un peu trop fraîchement descendue de ses cocotiers !...

J'espère que vous n'aurez pas mis à Jean une idée
pareille en tête.

LA BARONNE

Ne vous inquiétez pas. Tout le monde sait qu'il
ne fait rien sans votre assentiment.

SAINT-SABAS

Je le voudrais! Quoique je n'aie guère de titre...
Mais il s'emballe si facilement... Ça dure ce que ça
peut. Dieu merci! Où est-il passé, à la sortie? Il a
dû gagner le cercle à pied...

AUDE

Est-il donc aussi fidèle que vous à la partie
d'après-minuit?

SAINT-SABAS

Il ne joue pas. Mais tous les soirs nous causons
là un instant?... Oh! des potins...

LA BARONNE

C'est votre vie... Mezquita vous remplacera ce
soir. Il m'a bien semblé les entendre se donner
rendez-vous.

SAINT-SABAS, sourcils levés.

Mezquita? Tiens!...

AUDE

En effet, il n'y a pas une grande intimité...

LA BARONNE, perfide.

Ça vient, ça vient!... Mais que voilà donc un
ménage chic et qui se pousse! Saint-Sabas, qu'en

dites-vous ? Le mari ami comme dos et chemise avec le duc d'Altillac, la dame offrant à jouer chez elle à la duchesse de Kreuznach !... Peste ! Quel lancement brillant, ma chère ! Tu l'as bien mérité d'ailleurs... Mais si nous vaquions à quelques préparatifs, qu'en penses-tu ?

SAINT-SABAS

C'est vrai.

LA BARONNE

L'Altesse peut trébucher d'un moment à l'autre, épouffée et sifflante comme un vieux samovar à la cheminée de travers.

(Sonnerie de téléphone. Aude tressaille et va à l'appareil.)

AUDE

Oui. C'est ici ? Qui ?... Quand ?... Ah ! le comte Lavriano...

LA BARONNE

C'est eux !

SAINT-SABAS

Ils arrivent ?

AUDE

Non. (*Téléphonant.*) Ah ! oui... Place de la Roquette... L'exécution... Parfaitement... C'est moi qui suis... Désolée, oui... Amusez-vous... Bonsoir... (*Elle pose l'appareil.*) Ils vont à l'exécution capitale de ce matin.

LA BARONNE

C'est ce matin ? Le satyre ? Ah ! tant mieux.

SAINT-SABAS

Tant mieux, un satyre, c'est toujours tant mieux, mais parlez pour vous... Ça ne doit pas être son point de vue, au pauvre bougre...

LA BARONNE

Qu'il est bête !... Je voulais dire que les gens honnêtes, eux, peuvent aller se coucher...

SAINT-SABAS, fredonnant.

Les uns avec leurs femmes et les autres... Je file au cercle.

(La porte cochère vient de battre.)

LA BARONNE

Qu'est-ce que c'est ?

SAINT-SABAS

La porte. Justement, ça doit être votre mari qu'on vous ramène, chère Madame, avec quel à-propos !...

(Entre le marquis de la Flourère. On sent qu'il affecte le calme.)

AUDE

Mon père ! seul ?

SAINT-SABAS

Elle a bien dit ça !

LE MARQUIS

Oui, ton mari n'est pas venu au cercle. Du moins, pas encore...

SAINT-SABAS, taquin.

Le vilain homme ! Où est-il alors ?

LE MARQUIS

Je n'ai vu que Jean d'Altillac.

SAINT-SABAS, changeant de ton.

Ah !

LE MARQUIS

Il vous demande, Saint-Sabas, tout de suite, j'ai promis de vous renvoyer,

SAINT-SABAS

Qu'est-ce qu'il y a ?

LE MARQUIS

Rien du tout. Quelque histoire de comité, mais à régler avant demain.

SAINT-SABAS

Bonsoir, chère Madame. Je vais voir ce qui se passe. (*A la Baronne.*) Au revoir, ma bonne amie. (*Il plaisante pour cacher son inquiétude.*) Et ne rêvez pas mariages... ni même satyres...

(Au moment où il sort, Aude le rappelle.)

AUDE

Monsieur de Saint-Sabas !

SAINT-SABAS, de la porte.

Chère Madame ?

AUDE

Un mot, je vous supplie. Oh! je serai la dernière à vous retarder, ne craignez rien. Mais voici. J'ai peur. Mon père ne dit pas la vérité.

LE MARQUIS

Aude !

AUDE

Non. Je sais comment il est quand il tâche de mentir. Mon mari est au club comme le duc d'Altillac et ces deux hommes se cherchent... pour se battre, comprenez-vous ?

SAINT-SABAS

Jean ? Pourquoi ?

AUDE

Vous empêcherez ce duel, monsieur de Saint-Sabas, il le faut.

SAINT-SABAS

Je vous crois !...

AUDE

Vous le jurez ?

SAINT-SABAS

Mais qu'ont-ils ? A cause de quoi ?

AUDE

De moi.

LA BARONNE

Toi ?...

AUDE

Mon mari a cru...

SAINT-SABAS

Ah! les femmes!... Ce qu'elles peuvent gâcher !

AUDE

Je ne suis pas coupable. Il n'y a rien. Je le jure! Mais se sentir, même à tort, le moins du monde responsable. Je deviendrais foile... Je compte sur vous, Saint-Sabas. Nous sommes alliés en ceci. Dieu ne permettra pas... Allez ! Il peut prendre ta voiture ?

LA BARONNE, hésitant.

Oui, sans doute... oui... pourvu qu'elle revienne...

(Saint-Sabas sort.)

LA BARONNE, derrière lui.

Téléphonez-nous !

AUDE

Tout de suite ! Par pitié !

SCÈNE VI

LA BARONNE, LE MARQUIS, AUDE

(La Baronne et le Marquis prennent les mains d'Aude dans les leurs.)

LE MARQUIS

Ma pauvre enfant...

LA BARONNE

Du sang-froid, Aude.

AUDE

J'avais raison, mon père, n'est-ce pas ? (*Geste d'assentiment impuissant du Marquis.*) Est-ce qu'ils se sont trouvés face à face ?

LE MARQUIS

Ça, mon enfant, je ne peux pas te dire. Parole d'honneur, cette fois ! Je n'ai vu que Jean d'Aitillac, en coup de vent, dans le hall, le temps qu'il me dépêche ici. On venait de me dire ton mari absent. Est-ce une consigne ? Ou la vérité ?... Saint-Sabas nous fixera.

LA BARONNE

Mais voyons, le Duc vous a dit qu'il se battait ?

AUDE

Vous le lui avez demandé ?

LE MARQUIS

Comment faire ? Réfléchissez un instant ! De quoi me serais-je mêlé ? Et toi, ton père ?...

AUDE

Ah ! de quoi, de quoi, en vérité ! Vous en avez fait assez, mon pauvre père, pour ce soir.

LE MARQUIS

Tu ne me chasses pas en ce moment ?

AUDE

Vous avez une figure ravagée... Reposez-vous. Clotilde reste un instant, n'est-ce pas...

LE MARQUIS

Je rentre dans mon fumoir obscur jusqu'à ce que tu aies besoin de moi.

AUDE

Tâchez de dormir sur le divan.

LE MARQUIS

Dormir!... Non... Pour me tenir compagnie, j'ai ceci.

(Il montre son chapelet.)

SCÈNE VII

LA BARONNE, AUDE

AUDE

Tu es bonne de rester.

LA BARONNE

Je n'ai pas ma voiture.

AUDE

Tu es bonne tout de même.

LA BARONNE

Le moyen de te laisser seule... Et ainsi, nous saurons...

AUDE

Et jusque-là, que faire? Rien. Attendre, inutile, clouée, dévorée de terreur, tandis que se joue notre vie. Voilà le sort des femmes. L'atrocité de cela! La sens-tu? (*Frappée d'une pensée soudaine.*) Ah! mon Dieu...

(Elle la regarde,)

LA BARONNE

Qu'as-tu ?

AUDE

Je pense tout à coup...

LA BARONNE

A quoi ?

AUDE

A rien... Pardon !... Pardon ! Oui, tout de même. Ah ! tu es plus brave que moi...

LA BARONNE

C'est vrai que te voilà dans un état !... Je ne te savais pas si éprise...

AUDE, indécise de ce qu'elle veut dire.

Non ?

LA BARONNE

Vous aviez l'air d'un ménage correct, sans plus.

AUDE

N'est-ce pas...

LA BARONNE

Tu paraissais plutôt préoccupée du « monde » et ton mari de... je ne sais quoi...

AUDE

De tu ne sais quoi, c'est vrai.

LA BARONNE

Sans cela... Je ne suis pas si mauvaise amie...

AUDE

Ah ! je te connais, je n'ai pas douté de toi. Chère, mais tu es bonne tout de même de me le dire. On

ne peut plus ne pas être franche en de pareilles minutes ; n'est-ce pas ? Sois tranquille, je ne t'en ai
jamais voulu.

LA BARONNE

Jamais ?

AUDE

Jamais. On dirait que cela te fâche ?

LA BARONNE

Pas du tout.

AUDE

Si. Tu as l'air comme déçue...

LA BARONNE

Tu es folle. Hé oui, je le savais bien.

AUDE

Parbleu ! Tu avais compris, il y a beau jour que
cet homme ne m'était rien !

LA BARONNE

Tu es si bonne comédienne...

AUDE

Et tu es trop loyale aussi, Clotilde, pour m'avoir
pris ce que je ne te laissais pas. Sans le dire, on ne
peut guère dire ces choses, je te le donnais.

LA BARONNE, amère,

Les petits cadeaux...

AUDE

Non, tu n'as pas trahi notre amitié. Je t'en savais
incapable. Et si je te disais au contraire que tu...

(*Se reprenant.*) Mais Clotilde, j'oubliais que je ne
peux pas te parler librement d'un homme que tu as
choisi, que tu aimes...

LA BARONNE

Sois sans crainte. Je ne l'aime pas.

AUDE

C'est vrai! Ah! tant mieux !

LA BARONNE

Pourquoi tant mieux ? Pourquoi dis-tu tant mieux ?
Et tu nies que tu l'aimes ?

AUDE

Moi! A présent, je peux bien te le dire — tu viens
de m'y autoriser — il me fait horreur ! (*Haut-le-corps
de la Baronne.*) Je ne te blesse pas ? Sûr ?... J'aurais
tant de peine...

LA BARONNE

Non, non. Va donc ! Tu me fais plaisir ! ! !

AUDE

Ah! je connais ça, ce dégoût... avec lui on en
arrive vite là, n'est-ce pas ?... Ah! je ne l'ai pas
donné — non, ce n'est pas assez dire — à qui voudrait le prendre. Je le lui ai *jeté !*...

LA BARONNE

Vomi !... Mais tu l'avais aimé...

AUDE

Jamais !

LA BARONNE

Jamais ?

AUDE

Jamais, Clotilde. J'ai tâché de me résigner, d'abord — de faire honneur au marché, puisqu'on m'avait vendue... Abominable souvenir... Et que, toi, même un instant, tu aies pu te prendre à cet être...

LA BARONNE

Alors, tu as pris le Duc pour amant ?

AUDE

Jean ? Non, mais je l'aime.

LA BARONNE

Il est décoratif...

AUDE

Ah !... Clotilde, dans la franchise et la sincérité de cet affreux moment, je te le jure, sans calcul, sans arrière-pensee — simplement — je l'aime. Et j'ai peur.

LA BARONNE

Que Mezquita le tue ?

AUDE

Tais-toi !

LA BARONNE

S'il en a envie, il le fera.

AUDE

Il ne faut pas qu'ils se battent !...

LA BARONNE

Mais en a-t-il envie ?... Est-il assez jaloux ?...

AUDE

J'espérais que non. Votre aventure me donnait à le croire.

LA BARONNE

Et puis ?...

AUDE

Hélas !...

LA BARONNE

Quoi donc ?...

AUDE

Je sais.

LA BARONNE

Imagination peut-être...

AUDE

Je voudrais bien ! Je voudrais que ce ne fût pas vrai. Ah ! tu aurais dû faire, toi, que ce ne fût pas vrai !... Que cet affreux regard luisant qu'il prend à certaines minutes, tu sais... cette voix, ces mots, je n'eusse pas vu, pas entendu cela !... Là, il y a quelques minutes, à la place où tu es... (*Mouvement involontaire de la Baronne.*) Qu'as-tu ?... Ah ! que nous sommes nerveuses !... Et que j'aie seulement rêvé le troc hideux que cette voix m'offrait : mon corps contre la vie de Jean ! Comprends-tu, se payer à la fois sur ma chair son désir et sa vengeance...

LA BARONNE

Très complet en effet. Et dire qu'au fond tu es contente !

AUDE

Quelle horreur ! Tu dois souffrir pour parler ainsi !... Tu m'as dit pourtant que tu ne l'aimais plus ?

LA BARONNE

Je l'ai dit.

AUDE

Alors, tu me comprends. Tu partages le dégoût et l'effroi qui m'étranglent. Il me faut, vois-tu bien, sentir que je n'ai plus devant moi la rivale, mais l'amie, et que je garde au moins la sécurité de ton cœur et (*Tendrement.*) du sien.

LA BARONNE

Le Duc ? Il t'aime aussi, naturellement ?

AUDE

Comme tu me demandes cela !...

LA BARONNE

Mais simplement comme une amie — tu l'as dit — que cela intéresse pour ton avenir — et c'est bien juste — de savoir si tu peux compter sur l'étoffe, la solidité d'un garçon charmant, certes, mais jeune, léger, influençable, très peu libre.

AUDE

Il m'aime.

LA BARONNE

Je ne veux pas jouer le rôle de rabat-joie, ma chère

Aude, mais aucun de ceux qui t'affectionnent ne peut ne pas te dire en ce moment : Attention ! sois prudente, mesure tes forces, ton audace... Tu joues une grosse partie.

AUDE

Non, je ne joue plus de partie. C'est la Vie et la Mort qui la jouent avec moi pour enjeu. Mais l'atout, c'est le cœur de Jean, te dis-je, et j'en suis sûre ! Comme si je l'avais touché, Clotilde, tenu dans ces mains. Ah ! on ne se trompe pas à un certain accent, à la confiance juvénile qui se livre malgré soi, à travers la jolie pose de vanité et de rouerie de l'enfant adulé... Je *sais* qu'il m'aime.

LA BARONNE

La foi, c'est l'essentiel. Tous, alors ! comme toujours.

AUDE

Qu'as-tu ? Ah ! tu voulais le marier, c'est vrai. Tu es fâchée.

LA BARONNE

Il doit flirter comme on respire. J'ai bel et bien surpris un aparté dans la loge, avec l'Américaine. Mais, ce n'était rien évidemment...

AUDE

Tu n'es pas bonne, Clotilde.

LA BARONNE

Moi ?

AUDE

Tu me fais mal exprès. C'est cruel en ce moment, c'est lâche.

LA BARONNE

Des gros mots !...

AUDE

On dirait depuis un instant, derrière tes paroles, quelque chose qui a l'air vil.

LA BARONNE

Quelle insolence !

AUDE

Depuis un instant ?... Ah ! je m'en suis doutée toute ma vie...

LA BARONNE

Tu as toujours été la plus intelligente.

AUDE

On fait l'impossible pour s'aveugler, on se fait honte d'un soupçon si bas. On s'en châtie en s'imposant une confiance plus entière... et puis...

LA BARONNE

Oui, belle âme.

AUDE

Tu te démasques ?...

LA BARONNE

Ah ! Je n'en peux plus, enfin !...

AUDE

Clotilde, je rêve... Secouons ce cauchemar. Cette

nuit a été assez horrible... Que deux fois, à la même place, j'ai vu le fond de deux âmes pareilles !... Ah ! tu es avec lui, avec l'assassin. Deux complices ! Tu as menti. Il est ton amant ! Je suis perdue.

LA BARONNE

Perdue ? Peut-être. Mais on te retrouvera. Ils sont tant !... Quant à ce que ton mari soit à moi, c'est vrai. J'ai menti en reniant l'homme. Mais c'était pour pouvoir lui dire ce que sa femme valait.

AUDE, la chassant du geste.

Dehors !

LA BARONNE

Tu oses !...

AUDE

Je n'en suis plus, Dieu merci, à l'abjection de vous craindre. Dénoncez-moi. Faites-moi tuer, et puis après ? Un amant assassin, ça gêne pour avoir un salon, surtout quand on est la complice et que nul n'en pourra douter. C'est pourquoi vous musellerez cette tentation-là, si fort qu'elle morde votre âme de servante.

LA BARONNE

Tu crois ? O stupide ! Elle croit tout ! Elle croit que l'homme m'importe ! Ah ! Ah ! Elle croit que j'ai pris par amour ce métis de sauvagesse et de bouvier ! Non, si tu veux savoir, je l'ai pris pour une seule cause, pour te prendre quelque chose, à toi, qui me prenais tout, depuis que nous étions petites filles, tout, les hommages, les regards, les sourires, l'air, la lumière, tout ! Il n'y a jamais eu un compliment fait dans notre classe, au couvent, ni dans un salon plus tard dont tu n'aies changé l'adresse... Dire que je n'ai jamais porté une robe dont on m'ait parlé quand elle était là !

AUDE

Quels griefs !

LA BARONNE

Ne ris pas ! C'est mesquin, je le sais. Humilie-moi encore, bourgeoise que je suis ! Mais ce qui n'est pas mesquin, c'est combien je te déteste ! Oui, de toute l'abomination recuite de longues années d'intimité féroce, car nous étions amies ! Amies comme le cilice et la peau ! Je te gardais malgré tout, tu attirais ces imbéciles. Je me suis vengée en prenant cette brute, parce qu'il était ton bien. Pas pour autre chose. Je n'ai pas besoin d'amant. Je le chasserai demain avec joie. Il m'a fait horreur dès le premier jour. Et, le deuxième, il me parlait de toi, de tes dédains ! Un pis-aller. Voilà ce que j'étais sous ses mains velues et son souffle de bête ! Pouah ! Quels dégoûts ! Et je te devais cela ! Encore ! Toujours ! Et tu crois que tout ce que j'ai souffert, tu ne le paieras pas ? Tu crois que tu m'auras arraché impunément ce que je viens de t'avouer là ? Non, non, il ne faut pas rire. Une haine comme cela, c'est grand, c'est puissant. Il n'y a pas d'amour qui le soit davan-

tage. Oui, elle a tout de l'amour : les longs désirs
en silence, l'aveu irrésistible, son éclat et sa récom-
pense !... les rendez-vous où l'on court le cœur battant... Tu me retrouveras.

(Sonnerie de téléphone.)

LES DEUX FEMMES

Enfin !

AUDE, à l'appareil, trop émue pour s'inquiéter de ce que la Baronne
saisisse l'autre récepteur.

Allo ! C'est vous, Saint-Sabas ? Non ? Ah ! c'est
vous. Eh bien !

(Elles écoutent, le visage d'Aude s'éclaire, celui de
la Baronne se durcit.)

AUDE

Tout est arrangé ?... Est-ce possible ? Oui, vos
conseils.

LA BARONNE, rageusement.

Il ment, il ment !...

AUDE, téléphonant.

Pas d'inquiétude... vous êtes sûr, sincèrement ?...
Ce serait si mal !... Jean a quitté le club ?... Tous les
deux ont quitté le club ?... Bon, merci... Oh !... je
ne pourrais pas vous voir ?... Oui... maintenant... Il
faut que je vous voie. On parle mieux.

LA BARONNE

Nous verrons bien s'il vient !...

AUDE

Impossible, vraiment ?...

LA BARONNE, triomphant.

Parbleu !

AUDE

Non, mon mari n'est pas là... vous pouvez venir.

LA BARONNE

Est-ce assez clair ? Ce refus obstiné... Ils se battent.

AUDE

Oui... merci... je vais dormir. Bonsoir.
(Elle laisse retomber le récepteur.)

LA BARONNE

Ces affaires-là commencent avec les femmes, mais c'est sans elles qu'on les finit. Saint-Sabas ne veut rien dire. Cela dit tout ! Et ce serait vrai, ce qu'il raconte, tu n'aurais pas pour cela gagné beaucoup de temps, chère âme. Comprends-tu ?
(Silence résolu d'Aude.)

LA BARONNE

Tu ne dis rien ? Tu dédaignes. Tu coupes la conversation ? Eh bien, adieu, je vais la reprendre... Devine avec qui ?... Bonsoir !
(Elle sort.)

AUDE, court à la porte du fumoir.

Mon père ! Ah ! vous dormiez ! pardon ! Saint-Sabas nous ment. Il nie le duel. Il ne me reste qu'un moyen. Ne me demandez pas lequel, mais rendez-moi l'immense service de rester ici et, quand l'autre rentrera, au cas où il rentre, de lui défendre ma chambre où je suis couchée, lui expliquerez-vous, très lasse, malade... Vous fermerez auparavant cette chambre du dehors. J'aurai besoin de savoir s'il rentre, vous viendrez me le dire à l'hôtel Ozanam. J'y serai dans une heure. Mon pauvre père! Adieu. Peut-être que Dieu est bon !

> (Elle s'enveloppe dans son manteau et sort rapidement. Le Marquis se laisse tomber sur son siège et met son visage dans ses mains d'où pend la croix d'argent du chapelet qu'il tient toujours.)

RIDEAU

ACTE III

Un pavillon style Directoire dans le jardin de l'hôtel d'Altillac,
rue Vaneau, au faubourg Saint-Germain. Porte-fenêtre à gauche
donnant sur le parc de l'hôtel. Porte à droite sur une antichambre où on accède par la petite rue d'Altillac. A droite,
cheminée devant laquelle une petite table où figurent les élé-
ments d'un souper très simple. Quatre couverts.

SCÈNE PREMIÈRE

LE DUC, SAINT-SABAS

Le duc d'Altillac, seul, smoking-jaket remplaçant le frac qu'il
vient de quitter. Jeux de scène d'un homme préoccupé de deux
choses simultanément : recevoir une femme et prendre les dis-
positions d'usage avant un duel. Il interrompt la rédaction
d'une lettre pour vérifier le contenu d'une trembleuse à con-
sommé, en argent, posée sur une petite table de coin, pour
arranger des roses sur la cheminée. Il prête l'oreille aux
bruits du dehors. Une certaine nervosité, qui ressemble à de
l'irritation, se trahit dans ses gestes. Il brûle des lettres dans le
foyer, dispose des petits fours sur une assiette de cristal, etc.

Tout à coup, le gravier du jardin crie. Le Duc, étonné, car il
n'attend personne de ce côté, va ouvrir la porte-fenêtre où apparaît Saint-Sabas, dans un état d'émotion violente qu'il s'applique
à cacher pendant toute la scène.

LE DUC

Toi ? Déjà ! Je ne peux pas te garder, tu sais. Tu es venu par l'hôtel ? Les concierges de ma mère doivent être affolés.

SAINT-SABAS

Il y avait encore de la lumière à ton entresol. Germain m'a ouvert. La Duchesse dort. Sois tranquille et fais-en autant.

LE DUC

C'est pour me dire ça que tu reviens du cercle quand je t'ai quitté il y a une demi-heure et que dans... (*Regardant la pendule.*) sept autres on se revoit sur le pré ?

SAINT-SABAS, regardant la table servie.

Un peu pour ça. Et j'avais raison. Mais il y a autre chose. Voici. Je viens de m'informer du Mezquita, au point de vue de sa force.

LE DUC

Tu es bien bon, mais c'est une faute, — à cause du secret que nous tenons absolument à garder.

SAINT-SABAS

Je m'y suis pris assez adroitement, j'espère... Ton adversaire est gaucher...

LE DUC

Quelle importance dans une rencontre au pistolet ?

SAINT-SABAS

Tout a de l'importance. Cette sacrée affaire s'engage et se dénoue d'un tel train ! J'arrive au cercle... Je n'ai pas ôté mon pardessus que me voilà entrepris, chambré et chargé de ton honneur avec mission de tout expédier d'ici le chant du coq. Tu m'ahuris et tu me navres !...

LE DUC

J'aime mieux en finir vite. Mon adversaire aussi... On clabaudera moins...

SAINT-SABAS

Tout de même, se provoquer à une heure et se rencontrer à neuf le même matin... on n'a pas le temps de souffler ! Or, je me sens responsable. Si j'ai accepté d'être ton témoin, dans une histoire aussi absurde qu'une querelle de jeu...

LE DUC

Tu as raison. Qu'est-ce qu'on ferait pour un coup de pied au derrière ?...

SAINT-SABAS

Jean, tu me fais de la peine... Si j'ai accepté, dis-je, c'est uniquement dans l'espoir d'arranger l'affaire. Il n'y a pas eu moyen. Loin de là, on m'a imposé, grâce à toi, des conditions particulièrement sévères. Que dis-je ? il n'y a même pas eu moyen de savoir le motif, le vrai !...

LE DUC

Deux hommes sont face à face fermement résolus à vider un différend par les armes. Qu'y a-t-il à savoir de plus? Tu avais été discret jusqu'ici.

SAINT-SABAS

Eh bien, et ma conscience à moi, qui suis ton aîné, qui pourrais etre... Discret, il me demande d'être discret, comme à un étranger. Quel mot cruel, Jean!... Eh bien, je le serai, discret. Aussi bien, je n'ai pas le choix. Je me retire. Je ne peux pas te servir de témoin.

LE DUC

Tu ne feras pas cela.

SAINT-SABAS

Je le dois.

LE DUC, violent.

Ose répéter...

SAINT-SABAS

Ah! si je me sentais le courage de laisser un autre t'assister, t'accompagner... Soit, soit, je reste... Mais j'ai tort. Que diraient les tiens, de quels yeux me regarderait ta mère si?...

LE DUC

Ma mère?... D'abord, vous êtes brouillés... Mais ne t'empêtre pas de tant de scrupules! (*Lui tapant sur l'épaule.*) Quel brave vieux tout de même et sans rancune, quand je te fais rater ta partie, ta veine, ta fameuse veine d'après-minuit!...

SAINT-SABAS

Tu es bête... As-tu seulement un vêtement pratique, tu sais... à col haut masquant le visage? Montre...

LE DUC

Tout ce qu'il faut. Tu es un témoin modèle, un bon ami. (*Serrement de main.*) Je vous attends tous deux à neuf heures trente, ici même. Restez dans la voiture, surtout, et là (*Montrant la porte d'entrée.*) dans le cul-de-sac. Pas devant la porte cochère de la rue Vaneau... Avant tout, ne pas effarer la douairière, hein? Maintenant, cher, file. (*Haut-le-corps de Saint-Sabas que le duc n'aperçoit pas.*) Toujours par ici et doucement! Germain t'aura attendu... Si je pouvais, j'irais vérifier...

SAINT-SABAS, après un temps, se dirige vers la porte-fenêtre, puis éclatant.

Mais enfin ça, qu'est-ce que c'est?

LE DUC

Une table.

SAINT-SABAS ·

Je n'en crois pas mes yeux.

LE DUC

Tu as tort.

SAINT-SABAS

Tu attends des gens?...

LE DUC

Oh! Très peu.

SAINT-SABAS

Quelques heures avant de te battre!

LE DUC

Sois tranquille, nous parlerons d'autre chose.

SAINT-SABAS

C'est insensé, monstrueux, incroyable. Et il plaisante !

LE DUC, grave.

Écoute, mon cher. Ne t'inquiète pas. Il ne s'agit pas de ce que tu crains. La pâle orgie ne va pas secouer ses grelots. Simplement un compte à régler... Pas de sentiment !... Enfin j'ai quelques raisons de ne pas remettre la visite que j'attends.

SAINT-SABAS

La visite?... Et ces trois couverts ?...

LE DUC

Il y en a deux de trop. Un contre-temps de la dernière heure...

SAINT-SABAS

C'est encore mieux !

LE DUC

Beaucoup mieux, merci.

SAINT-SABAS

Je devine.

LE DUC

Alors, tu comprends que je désire ne pas remettre

mon rendez-vous, rester poli puisqu'il s'agit d'une femme. C'est ma première raison.

SAINT-SABAS

Non, la seconde. La première, c'est que tu es un homme.

LE DUC

Ma foi, quand, puisque je me bats, je désirerais me battre pour quelque chose, serait-ce surprenant ? Mais ce n'est pas cela. Nous causerons seulement... une explication nécessaire.

SAINT-SABAS

Ce soir.

LE DUC

Oui. Je ne veux pas reculer ce rendez-vous, car la troisième raison, c'est que je pourrais bien ne jamais en retrouver l'occasion.

SAINT-SABAS

De plus en plus absurde. (*Trahissant son émotion.*) Jean, je t'en supplie.

LE DUC

A quoi bon ! Il n'y a rien à changer maintenant. Pas même pour faire plaisir à un aussi vieil ami que toi...

SAINT-SABAS

Ce n'est pas que je sois inquiet, surtout, ne t'imagine pas cela... Non, j'avais envie de causer, pas longtemps naturellement, puisqu'il faut que tu te reposes, mais un instant. Je voulais te dire que... je t'aime bien.

LE DUC

C'est du nouveau ? Tu me le prouves depuis vingt-
trois ans.

SAINT-SABAS

Vingt-trois ans... La vie est dure... Qu'est-ce que
j'ai pu faire pour toi pendant tout ce temps ?... Rien,
rien.

LE DUC

Un frère en aurait fait moins. Au fait, il y a une
de ces enveloppes pour toi (*Il montre le bureau.*) en
cas d'accident demain. Je t'ai couché dans mon testament ! Parole ! Ne perds pas tout au bridge ! —
Comme cela, il faudrait que tu pardonnes au méchant
garçon si malhonnête avec son vieux camarade et qui
t'a donné tant de soucis mais t'aimait bien aussi tout
de même...

> (Le timbre tinte. Saint-Sabas, qui a pris Jean dans
> ses bras, se sépare brusquement de lui.)

Va maintenant, merci, frère. Qu'on ne te voie
pas...

> (Saint-Sabas, indécis, chancelant, sur le point d'éclater
> en sanglots, veut rester, puis pour cacher son émotion
> se laisse pousser dehors par Jean qui lui crie lorsqu'il
> sort.)

LE DUC

Inch' Allah ! comme nous disions en Afrique !

> (Jean disparaît une seconde et reparaît accompagné
> d'Aude.)

SCÈNE II

AUDE, entrant, jette un regard circulaire et soulevant des deux mains
au-dessus des épaules son manteau.

Seuls ?

LE DUC

Oui. Pardon. Les Nanvialle se sont décommandés. Les Tillancourt ont téléphoné qu'ils ne pourraient venir que tard, s'ils venaient. Vous me voyez navré, pour vous, surtout. Enfin partageons cette déception en attendant et ce perdreau banal.

AUDE, ôtant lentement son manteau, qu'il prend.

Je ne suis pas déçue. Je savais. Je ne vous en veux même pas de la petite comédie — bienséante...

LE DUC, coupant.

Chacun les siennes.

AUDE, levant les sourcils.

... usitée en pareil cas — avec d'autres, car, pour ma part, j'aime assez à certains moments défaire de moi les conventions du monde — comme ce manteau que vous tenez dans vos mains... et que vous ferez bien peut-être de vous décider à poser...

LE DUC, d'une voix moins dure et l'enveloppant du regard.

Il en reste encore trop de conventions, autour de votre beauté.

AUDE, affectant la légèreté.

(Elle s'approche de la cheminée comme il va poser le manteau.)

Ces deux couverts supplémentaires ont quelque chose de gourmé, de cocasse et de vigilant. Si les Tillancourt ne viennent pas décidément, nous pourrions jouer à imaginer des convives fantômes, des spectres-chaperons...

LE DUC, même ton.

Ohé ! ohé !

(Les yeux d'Aude tombent sur une lettre posée sur la cheminée.)

AUDE, cri.

Ah !

LE DUC

Qu'y a-t-il ?

AUDE

Cette lettre à l'adresse de votre mère, là... Vous vous battez avec mon mari !

LE DUC

Quelle folie ! Un règlement de fermages...

AUDE

Il faut me dire la vérité. Vous m'aviez juré que rien ne se passerait. Lui aussi. Je vous suis arrivée le cœur battant sous mes airs de conquête et de blague — parce que je savais bien que vous me cacheriez la vérité, parce que je voulais la surprendre.

LE DUC

Chère Madame, voyons, du calme. Ce n'est pas à cause d'une plaisanterie que vous devez craindre pour les jours de M. Mezquita...

AUDE

Que dites-vous ?

LE DUC

Ils ne sont pas en danger, croyez-moi. Je ne goûte pas beaucoup, sans doute, son genre d'esprit. Mais vous m'assurez que ses... originalités ne tirent pas à conséquence... C'est bien... Surtout il n'eût pas fallu que le moindre éclat rejaillît sur vous, et c'eût été inévitable. De sorte que, même si j'éprouvais le besoin de demander raison à M. Mezquita, j'attendrais une occasion plus propice... Êtes-vous convaincue ?

AUDE, le fixant.

Je m'y efforce...

LE DUC

Bien heureux l'homme dont le sort vous inquiète à ce point.

AUDE

Je n'ai d'inquiétude que de vous.

LE DUC

Vraiment ? Suis-je si important ?

AUDE

A la merci d'un hasard, tant de choses... ce serait affreux. Votre jeunesse, votre nom, votre rôle à jouer...

LE DUC, rogue.

Mon rôle... Oui, vous attachez du prix à ces choses,...

AUDE, se redressant.

Monsieur d'Altillac, je suis sous votre toit. Quittez ce ton blessant. Nous parlions de duel tout à l'heure... Eh bien! dans un duel, quand un des adversaires a jeté une arme, il est loyal que l'autre en fasse autant. Je suis ici sans coquetterie, sans ruse, sans nulle de nos lâches armes de femmes, — tremblante d'angoisses que vous ne pouvez imaginer. On a de ces cauchemars où la terre s'ouvre sous vos pieds de toutes parts, où on cherche une main qui soutienne, une voix qui rassure. Figurez-vous que je suis dans un de ces moments-là... Eh bien, l'ironie n'est pas généreuse. J'exige, j'implore votre sincérité, votre simplicité en échange des miennes. Hélas! en fait d'armes, c'est tout ce qui me reste contre vous...

LE DUC

Soit... puisque vous me le demandez... mais, de grâce, asseyez-vous, exquise visiteuse. Tenez, voici le fauteuil même de ma trisaïeule, la belle cantatrice Rosa Damaury — vous parliez de revenants, tout à l'heure — pour qui ce pavillon de jardin fut bâti. Mais elle est morte tout de même dans l'hôtel, dans le lit de mes grand'mères... (*Avec intention.*) Vieille, oh! très vieille histoire. (*Montrant la table.*) Pas même un gâteau?

AUDE

Non, merci.

LE DUC

Que vous êtes charmante ainsi !... la dernière personne en vérité avec laquelle on ait envie d'être « franc »... Mufle de mot !...

AUDE

Est-ce vous qui parlez ? Ce ton de vieux roué !...

LE DUC

Roué, moi ! Mais le dernier des coquebins n'aurait pas plus naïvement rêvé « le grand amour », un amour digne de ce nom galvaudé, un amour ! Oui, riez...

AUDE

Je n'en ai pas envie, Jean.

LE DUC

Comprenez-vous ? Après l'écœurement de la noce, la vilenie habituelle des aventures, un amour qui s'adresserait à moi, à mon cœur, à mon corps, non au prestige d'une fortune ou d'un rang, non à la défroque du passé, ni à l'oripeau d'histoire que le hasard m'a jeté sur le dos ! J'avais si soif d'une affection pareille.

AUDE, se levant.

Que dois-je comprendre ?...

LE DUC, l'immobilisant d'un geste.

L'attention que vous m'aviez montrée me semblait si douce, si nouvelle... Quel désert de sottise et de brutalité que la vie d'un garçon de vingt-cinq ans dans le milieu d'où je sors! Si vous saviez!... Et j'ai cru à l'oasis, et c'était le mirage... C'était pis encore!

AUDE

Je n'ai plus rien à faire ici.

LE DUC, d'une voix coupante.

Oh! ne croyez pas que vous allez repartir ainsi dans un sursaut de dignité blessée et un bruit altier de satins froissés, comme au théâtre. Ce serait commode en effet. Mais ma rancœur ne s'apaise pas si vite.

AUDE

Jean, on a lâchement joué de votre cœur fier, un peu ombrageux, de votre amour-propre de jeune séducteur déjà trop aguerri...

LE DUC, encore sur la défensive.

Oui! oh! vous êtes très forte...

AUDE

Et vous, vous êtes cruel, au delà de toute justice. Que je consente à écouter de telles choses, cela devrait suffire à vous prouver ma loyauté. Eh bien! malgré cela, cette loyauté, vous l'aurez toute... Je n'ai jamais craint d'être jugée, ni rougi de rien au monde. Oui, on a pu me dépeindre à vous comme une arriviste, une snob, se compromettant à plaisir, tâchant de se faire une raison d'être, une auréole

d'un déshonneur brillant et affiché. J'ai pu répondre
à ce signalement-là, c'est vrai. Il faut savoir se
mettre à la place de l'Envie quand elle rédige le
passeport. Le passeport d'une isolée surtout, comme
moi... Avez-vous jamais réfléchi combien je suis
seule ?

LE DUC, incrédule.

Vous ?

AUDE

Oui, moi. Je fais illusion peut-être, mais sur qui
puis-je compter, pouvez-vous me l'apprendre ? Mes
parents, vous les connaissez. Ils m'ont faite responsable de leur déception après mon mariage, et ma
« mésalliance » est devenue leur opprobre favori,
leur plus bruyante affliction, leur croix et leur ban-
nière ! Le reste de ma famille a suivi. Songez ! pour
ces gens-là, je n'avais qu'une chose à faire, fille
pauvre que j'étais : épouser un des leurs. Vous le
voyez d'ici, élevé chez les Jésuites, à demi bracon-
nier, buvant sec, un manoir croulant ou repeint,
une belle-mère de l'Église, des petits chouans tous
les ans... C'est très bien sans doute, il en faut ainsi,
et j'admire leurs femmes, que je ne vaux pas, mais
vous comprenez aussi que j'aie préféré sauter par
la fenêtre. Mon mariage, ça été cela. J'avais sauté
les yeux clos, par instinct de fuir d'abord... Où je
suis tombée, vous le savez, ou plutôt... non... non...
Vous ne le savez pas. Alors, j'ai lutté parce que je

voulais vivre ; on a le droit, n'est-ce pas ? J'ai lutté seule, sans parents, sans famille, sans clan, sans homme, seule.

LE DUC

Avec quel succès, pourtant !...

AUDE

Ah ! je l'ai payé son prix, ce que vous appelez mon succès. Pouah ! ne parlons pas de cela. Et il fallait sourire ! Vous êtes passé à l'heure où je ne m'étais jamais sentie aussi seule. Sous la feinte de ce sourire qui fait mal comme un masque trop serré, le combat tend les nerfs et durcit le cœur. Je ne m'étais pas permis de penser à l'amour... On ne voit pas tout de suite sous quel visage il arrive. On ne sait pas que du désœuvrement d'un flirt puisse jaillir soudain le prodige ! Mais je m'en suis aperçue tout à coup ; dans ma joie et ma peur, je m'étais prise à mon jeu. Alors j'ai eu honte de me parer de vous aux yeux des jaloux et des sots parce que je m'étais avisée de ce qu'il y avait en vous que je ne soupçonnais pas... Vous existiez, vous souffriez ! Une grande lumière de tendresse a inondé mon cœur. J'ai compris.

LE DUC, avec explosion.

Mais on m'a dit que vous aimiez cet homme, que vous étiez inféodée à lui. On m'a dit plus encore ?... C'est cela l'intolérable, la hideuse image, cette union, ce don de vous, ce complot...

AUDE

Calomnie infâme, Jean, inventée de toutes pièces
par je ne sais quelle trahison...

LE DUC

Que pourriez-vous répondre d'autre ?

AUDE

Ah ! je renonce... Que vous dire ?... Quelle preuve
vous donner ?...

LE DUC

Quelle preuve ?... (*Frappé d'une idée et regardant
fixement Aude.*) Eh bien... écoutez, je me bats, oui,
ce matin, avec votre mari.

AUDE, cri.

Ah !... Vous ne vous jouez pas de moi.

LE DUC

Ma parole d'honneur.

AUDE

Ce duel n'aura pas lieu.

LE DUC

Rien ne peut l'empêcher.

AUDE

Vous me connaissez mal.

LE DUC

Que feriez-vous ? Vous jeter entre nous ? Pour
sauver lequel ?

AUDE

Encore...! Soit! Il le faut. (*Délibérément.*) Ne craignez rien de mélodramatique, Jean. Je suis très calme, vous voyez. Très calme, parce que je me sens près de ma victoire, enfin ! Parce que je vais en même temps vous arrêter sur le bord d'une folie et vous donner la preuve, la preuve que vous exigez. Ce duel ne peut avoir lieu parce que M. Mezquita...

LE DUC

Eh bien ?...

AUDE

Ce n'est pas un homme avec lequel on se bat.

LE DUC

Que dites-vous ?

AUDE, avec effort.

Je m'explique. Dans les rares occasions où il dé-gante sa main droite, on voit sur le dos velu de cette main une petite cicatrice en triangle. C'est la marque d'un coup de stylet reçu dans un tripot de Mexico, il y a treize ans.

LE DUC

Comment ?

AUDE

La main et la carte furent trouées du même coup. Un as de cœur, qui ne faisait point partie du jeu ouvert ce jour-là. La nuit de Noël de 1906, je suis précise.

LE DUC

Terriblement. Et vous saviez ?...

AUDE

Ah non!... Cette surprise m'était réservée pour plus tard... Il y a une heure...

LE DUC

C'est monstrueux! Pauvre... pauvre amie charmante!...

AUDE, avec inquiétude.

Vous me plaignez...

LE DUC

Si je vous plains!

AUDE

Peut-être pis... Ah! Jean! cette pitié, elle fait un peu mal, un peu peur... (*Douloureusement.*) Jean, je pensais venir à vous sans vous parler de ces choses abominables. Ah! j'imaginais autrement notre premier rendez-vous. Que la vie souille et meurtrit nos rêves! Mais les événements ont été trop prompts. Je n'ai plus le choix. Pour sauver le seul motif qu'il me reste de vivre, vous, il fallait vous le livrer, ce secret, malgré qu'une honte injuste en rejaillît en quelque sorte sur moi. (*Mouvement du Duc. Elle suit sa propre pensée.*) Une honte... Oh! pourquoi?... Je le sens et je ne puis le comprendre... Me croyez-vous seulement? Car votre foi en moi, j'y ai droit, à présent, je l'ai assez payée par tant d'humiliation! Jean, ce n'est pas un reproche. Ah! que tout m'importerait peu, si seulement vous pouviez me dire, les yeux dans les yeux, sans avilissants égards pour le trop de faiblesse ou le peu de beauté de la femme, comme un frère à son frère : Je crois.

LE DUC, grave.

Oui, je crois.

AUDE

Ah ! vous êtes bon ! J'ai du courage, à présent. Et c'est fini de ce mauvais rêve, de ce duel insensé !...

LE DUC

Aude, comment puis-je m'autoriser d'un secret qui déshonore le nom, même supposé, qui est le vôtre ? Comment puis-je accepter d'esquiver une rencontre à ce prix ? Sans compter que vous me la rendez rudement désirable, cette rencontre, en y ajoutant la chance et la joie de punir tout le mal qu'on vous a fait.

AUDE, avec éclat.

Alors, cela n'aura servi de rien de m'arracher de l'âme le récit de cette abomination ? Je n'aurais gagné votre confiance, le meilleur de vous, que pour risquer de vous perdre tout entier ?... Car...

LE DUC

Car ?...

AUDE

Rien, je ne sais plus ce que je dis. Vous me torturez au delà de toute charité, de toute résistance. Vous êtes l'offenseur ?

LE DUC

Oui.

AUDE

Jean, soyez bon, il serait si simple...

LE DUC

Ma volonté n'est plus à moi.

AUDE

Votre pitié non plus, n'est-ce pas? J'y croyais pourtant tout à l'heure et... pour le plaisir vous marchez sur mon cœur.

LE DUC

Aude, comprenez, soyez généreuse. J'ai en ce moment besoin de tout mon sang-froid...

AUDE, après un long silence. On la devine changeant de tactique.

Jean, mon bien-aimé, laissez-moi réfléchir, tâcher d'envisager...

(Elle lui abandonne ses mains qu'il pose sur son front, puis baise.)

LE DUC

Vous êtes bonne... et belle...

(Le trouble du désir l'envahit. Plongée dans ses pensées, elle ne s'en aperçoit pas. Elle sursaute soudain.)

AUDE

Écoutez. On marche dans le jardin.

LE DUC

C'est impossible.

AUDE

Le gravier a crié... Je suis affreusement nerveuse, mais ce n'est pas une hallucination.

LE DUC

Je vous jure, Aude. Je connais les habitudes de la maison. Qui serait-ce ?...

AUDE

On ne sait pas... Jean, allez voir. Je vous en supplie. Faites le tour des massifs. Sans cela, je ne serais pas tranquille.

LE DUC

Enfant peu sage !...

> (Il sort dans le jardin. Elle se jette sur le téléphone dans l'angle de la pièce. Elle presse le bouton en cherchant dans son corsage la carte où Jerry a inscrit son numéro de téléphone. — Sonnerie de réponse qu'elle étouffe dans son manchon.)

AUDE

Allo ! 170.24... Service de nuit. — Oui — Urgence — Pourvu qu'il soit là ! (*Elle regarde du côté du jardin.*) Et que j'aie le temps... (*Ses yeux tombent sur une photographie du Duc placée sur la table, elle la prend, l'embrasse passionnément.*) Ah ! tu crois que je vais te laisser assassiner, mon beau jeune aimé... Non... non. (*On entend un pas qui se rapproche. La sonnerie tinte. Aude décroche immédiatement le récepteur et, une flamme dans les yeux, dit :*) C'est vous ? Attendez-moi.

(Apparaît Saint-Sabas à la porte-fenêtre).

SCÈNE III

AUDE, SAINT-SABAS, puis le DUC

AUDE, posant précipitamment le récepteur.

Saint-Sabas !

SAINT-SABAS

Vous !

AUDE, haussant les épaules.

Moi. Qu'importe ? Qu'y a-t-il ?

SAINT-SABAS

Chut ! Il ne m'a pas vu, mais il a dû entendre...
satané gravier... Il sonde les massifs près de la
maison...

AUDE

Ils se battent. Ne niez pas. Il me l'a dit. Vous le
menez à la boucherie. De gaîté de cœur !

SAINT-SABAS

De gaîté de cœur ! Savez-vous ce que je faisais
dans le jardin, moi ? Je me tenais aux arbres pour ne
pas tenter cette folie, ce coup de désespoir : avertir
la Duchesse.

AUDE

Sa mère, c'est vrai...

SAINT-SABAS

Là-bas, le balcon... le balcon de sa chambre. Il est
très bas... J'ai collé mon front, mon front qui brû-
lait, contre sa pierre. On peut heurter à la vitre de

l'allée, en allongeant le bras... et peut-être sans effrayer... en frappant d'une certaine manière... O tourment !

AUDE

Eh bien !

SAINT-SABAS

Je n'ai pas osé. Le petit ne me pardonnerait jamais. Ni elle. Alors, je l'ai vu sortir tout à coup et je me suis jeté vers la porte éclairée de ce pavillon. Je ne savais pas qui était ici à cette heure. Encore moins que ce pouvait être vous... Mais qui que ce fût, j'ai pensé dans ma détresse à mendier à cette inconnue son aide contre le malheur qui se prépare. Je me suis dit : l'être qu'il a voulu voir à cette heure entre tous peut sans doute quelque chose sur sa volonté... C'est pour la fléchir que vous êtes ici, oui, n'est-ce pas ?

AUDE

Oui, mille fois oui !... Mais en vain ! Je vous dis que ce ne sera pas une rencontre ordinaire, un duel boulevardier. On a empoisonné la jalousie de l'autre. Il est redoutable. Il tuera. Non, non, non, cette horreur ne s'accomplira pas, nous vivants. Avez-vous confiance en moi ?

SAINT-SABAS

Oui.

AUDE

Alors, laissez-moi agir... Voici ce que je vais faire... Ah ! trop tard !

9

LE DUC, accourt en entendant des voix.

Qui est là ? Qui parle ? (*Croisant les bras avec indignation, en reconnaissant Saint-Sabas.*) Ah ! Ceci est indigne ! Que fais-tu ici ?

AUDE

Ne vous fâchez pas, Jean.

SAINT-SABAS

Je n'ai pas pu partir...

LE DUC

Tu as préféré m'espionnner.

AUDE

Je vous supplie...

LE DUC

Faut-il te le répéter ? Va-t'en !
(Il marche sur lui.)

AUDE

Jean, arrêtez ! Qu'allez-vous faire ? Je suis là... (*Le Duc s'arrête.*) Maintenant, puis-je dire un mot ? (*Le Duc fait un signe d'acquiescement.*) M. de Saint-Sabas est votre témoin ?

LE DUC

Oui, même trop.

AUDE

Je puis parler.

LE DUC

Qu'allez-vous dire ?

AUDE

Pourquoi je suis ici.

LE DUC

De quel droit le demanderait-il ?

SAINT-SABAS

Il ne demande rien, Jean.

AUDE

Et je révélerai aussi...

LE DUC, interrompant.

Vous ne ferez pas cela...

AUDE

Il ne s'agit de rien qui ne soit mon secret.

LE DUC

Quoi !... non ! vous ne ferez pas cela. Je m'y oppose. Je vous en supplie... Ce serait mal... Il suffit que je sache... Et puisque ça ne servirait de rien, de rien, m'entendez-vous. Que je me battrai quand même, et d'autant plus qu'on multipliera les obstacles sous mes pas. Mais là, c'est comme si vous jetiez votre propre corps, Aude, dans la boue pour m'empêcher d'aller où je veux, où je dois !... (*A Saint-Sabas.*) Et toi, sache-le : si vieille que soit notre amitié et ma reconnaissance, elles meurent du même coup à la minute où tu tentes rien contre l'exécution de ce duel. Il aura lieu, est-ce clair ? *A Aude.*) Il m'en coûte d'exprimer si brutalement

devant vous ma décision. Mais elle est irrévocable.
Tu feras comme je te le demande, toi. A cette condition, et si tu vas dormir comme tu en as besoin,
ça se voit, je te pardonne. Passe par ici ; il est trop
tard pour réveiller le portier de l'hôtel maintenant.
Mais, comme il ne convient pas que tu sortes avec
Madame, file tout de suite. A bientôt.

SAINT-SABAS, se dirige vers la porte.

Je pars, Jean, comme tu l'ordonnes. je rentre chez
moi, chez moi.

(Regardant Aude qui lui répond d'un signe de tète
affirmatif énergique sans être vue. Il sort.)

SCÈNE IV

LE DUC, AUDE

LE DUC

Vous me pardonnerez d'avoir arrêté sur vos chères
lèvres cet aveu qui vous salit ?

AUDE, tressaillant.

Il me salit, n'est-ce pas...

LE DUC

Pas pour moi, certes, mais pour d'autres peut-être
qui vous connaissent, qui vous adorent moins...

AUDE

Adieu, Jean. Il faut que je parte.

LE DUC

Où courez-vous ? Il faut me jurer que vous n'allez rien entreprendre contre ce que j'ai résolu. Jurez et prenez le temps du serment ?

AUDE, faux enjouement.

Mais c'est les héroïnes de Corneille que vous me demandez de jouer ! Vous envoyer vous battre, Jean, voilà ce que je dois faire... Comment vous dire oui ? Et comment non ?

LE DUC

Ah ! dans ce mot-là, je vous retrouve ! Je suis content, Aude. (*Il lui prend les mains.*) Vos mains sont froides ! Venez près du feu. Il ne faut pas vous bouleverser ainsi. C'est ma faute. Je n'aurais jamais dû dire qu'on se battait. J'ai cédé à ces impulsions brusques venues je ne sais d'où et que je subis trop facilement. Que de torts envers vous accumulés dans cette heure, la première que nous ayons à nous seuls et que moi aussi j'avais rêvée plus douce. Je me ferai pardonner !

AUDE

Oui, oui, ce sera facile, Jean...

LE DUC

Vous m'aimez donc un peu... c'était donc vrai ou ça l'est devenu. Je suis ivre de cette pensée, de ce miracle... Vous... m'aimez ! On a peur d'un mot pareil.

AUDE

Oui, Jean, mon cœur lui aussi avait paru tricher, mais l'amour l'a cloué saignant sur son mensonge, et c'est bien… Je suis heureuse !

LE DUC, cherchant ses lèvres.

Bien-aimée !

(Long baiser.)

D'une voix altérée.

Aude ?

(Il la prend dans ses bras significativement.)

AUDE

Jean, Jean, non, par pitié, mon amour, pas ce soir. Pour toi, à cause de toi…

LE DUC

Ma beauté, ma joie, ma force, je ne suis rien, je ne puis rien sans toi. Ne me refuse pas ton baiser. C'est mon courage, mon viatique, ma sécurité…

AUDE

Il faut dormir, Jean. Me laisser partir. Ah ! je voudrais ne plus vous quitter. Mais il le faut.

LE DUC

Non, non, non ! Oui, je dormirai, tout à l'heure ! Je le promets, là, êtes-vous contente ? Mais il faut que je m'endorme dans un rêve de vous où il n'y ait ni tourment, ni regret, ni ardeur inquiète, ou bien je ne dormirai pas et me rongerai jusqu'à

l'aube et je ne serai plus brave ni solide, et ce sera
votre faute, bien-aimée...

AUDE, d'une voix défaillante.

Ma faute!... Oh! je t'aime... (*Se ressaisissant.*)
Mais demain! demain...

LE DUC

Non. Pas demain! Voyez-vous, cette minute me
semble digne d'un bel amour! Nous ne la retrou-
verons jamais, Aude. Je ne sais pas expliquer,
mais je sens, je sens qu'il y a autour de nous de
grandes puissances mystérieuses qui exaltent, qui
pour un instant soulèvent l'amour au delà de lui-
même... Nous le cueillerons à sa minute divine, ne
la laisse pas échapper, il ne nous pardonnerait plus.
Écoute. Je t'ai dit : « Je crois », tout à l'heure. Au
prix seul que je te demande, je croirai, pour *toujours*.

AUDE

Toujours! Chut! Pas ce mot, Jean, il me fait peur.
Pas ce mot-là... pas...

(Il étouffe d'un baiser passionné la fin de sa phrase,
elle s'abandonne. Le rideau tombe.)

ACTE IV

Le ladies-room au Running-Club du bois de Boulogne. Le
fond de la pièce située au premier étage est un vitrage oblique
masqué par des petits rideaux comme on en voit aux fenêtres
des cottages, et pouvant s'ouvrir sur le grand hall du rez-de-
chaussée qui sert de stade central et sur lequel donnent des
salles de gymnastique, d'escrime, de boxe, de massage, etc...
A droite, porte accédant à un escalier qui monte directement de
l'entrée sur l'avenue, à gauche, une fenêtre d'où l'on aperçoit
un étroit jardin et la Seine à travers des peupliers. Un arbre en
fleur s'épanouit dans le cadre de la fenêtre. A l'angle le plus
éloigné du spectateur un escalier tournant s'enfonce qui fait
communiquer le salon avec le hall. Meubles de rotin. Gravures
coloriées de Bernard Boutet de Monvel aux murs. A l'avant-
scène à gauche, un lit pliant qu'entoure un paravent de manière
qu'on n'en aperçoive que l'oreiller. La tête de l'Ouvreuse endormie y repose. L'obsession d'un rêve en crispe les traits. Elle
laisse échapper dans son sommeil des mots entrecoupés.

SCÈNE PREMIÈRE

L'OUVREUSE, LA BARONNE, AUDE

L'OUVREUSE

... L'atout !... Le roi !... Vive l'Empereur !... Coupez, Altesse !... C'est la Loge Infernale.

(Elle chante sur l'air de l'*Internationale*.)

« Car la Loge Infernale
Sera le genre humain. »

(Deux coups précipités sont frappés à la porte de droite. L'Ouvreuse sursaute, sans ouvrir les yeux.)

Au secours! Ils viennent!... La machine à bosseler... Sauvez-moi... J'ai gagné dix-huit francs. Ils ne les auront pas!,..

(On frappe plus fort.)

Au sec...

(Elle ouvre les yeux, se dresse à demi.)

Qu'est-ce que c'est?...

(Nouveaux coups.)

M'auraient-ils suivie jusqu'ici?

(Elle s'enveloppe dans le paravent.)

LA VOIX DE LA BARONNE

Ouvrez, s'il vous plaît.

L'OUVREUSE, sautant de son lit.

La voix de la Baronne. Je ne rêve plus!... (*Haut.*) On y va. (*Par-dessus le paravent, un jupon qu'on passe apparaît et retombe autour de deux bras levés et d'un chignon délabré. Des sous tintent.*)... Dix-huit francs! (*Dont la titulaire apparaît, en vieille robe de chambre de flanelle.*) A cette heure-ci! dans le salon des dames du Running-Club! La baronne Darbrissel. C'est-il possible?

(Elle court à la porte en traînant ses chaussons.)

LA BARONNE, entrant.

On est donc barricadé ici ! (*Reconnaissant l'Ouvreuse.*) Comment, vous !

L'OUVREUSE

Madame la Baronne ! Nous qui jouions au bridge, n'y a qu'un moment de ça !

LA BARONNE

Qu'est-ce que vous faites là ?

L'OUVREUSE

J'ai un emploi de gardienne de nuit au Running-Club. Je suis attachée le jour au salon des dames, comme ça je peux cumuler avec mon service à l'Opéra, — on a le métro... Pardon, excuse d'être moins matinale que madame la Baronne.

LA BARONNE

Je marche toujours le matin au Bois par régime. Je cherchais un verre d'eau. Un balayeur en bas m'a dit de m'adresser ici. Drôle de service dans cette maison...

L'OUVREUSE

Dame, il ne vient guère que des Messieurs sportsmans à cette heure-ci.

LA BARONNE

J'espère bien. (*D'un air détaché.*) Avez-vous déjà vu du monde ?

L'OUVREUSE

Comment aurai-je pu? Madame la Baronne m'a tirée comme qui dirait des bras de l'orfèvre!...

LA BARONNE, *allant au vitrage.*

Là, c'est un hall?

L'OUVREUSE

Le stade, madame la Baronne. On y descend par ici. (*Elle montre l'escalier tournant.*) Faut même se méfier. C'est vétilleux, ces marches de fonte.

LA BARONNE

Ces portes autour en bas?...

L'OUVREUSE

Les salles d'escrime, de boxe... de douches...

(Elle baisse les yeux.)

LA BARONNE

Est-ce tout comme bâtiments? Ce n'est pas possible.

L'OUVREUSE

A part le hangar...

LA BARONNE

Ah!... Quel bel arbre! (*Elle ouvre la fenêtre, avance la tête comme pour regarder l'arbre et dit :*) Ils sont là. (*A l'Ouvreuse.*) Je n'ai pas mon face-à-main. Il y a bien une auto en bas?

L'OUVREUSE

Tiens, c'est vrai, c'est curieux... On visite pour
louer peut-être. Les clefs sont en ville...

(Coup de timbre.)

LA BARONNE

On sonne en bas.

L'OUVREUSE

Le laitier, ça doit être. Il a trop de fierté pour
sonner au service.

LA BARONNE

On monte l'escalier. Je ne peux pas, absolument
pas être vue, m'entendez-vous ?

L'OUVREUSE

Ah ! mon Dieu !

(Elle court au-devant de l'arrivant en disparaissant
derrière la portière. La Baronne se jette derrière le paravent au moment où Aude paraît, pâle, dans une robe
de matin très simple, suivie par l'Ouvreuse épouffée.)

L'OUVREUSE

Je supplie Madame... La pièce n'est pas faite. Je
suis toute confuse.

(Elle lance un coup d'œil circulaire, n'aperçoit plus
la Baronne, en conclut qu'elle est descendue par l'escalier au hall, regarde par le vitrage, ne voit personne,
fait le geste de renoncer à comprendre.)

AUDE

Il faut que j'attende ici. Peu importe la pièce pas

faite. Voici pour votre dérangement. (*Elle lui donne une pièce d'or.*) Mais nous nous connaissons?...

(Elle se rembrunit.)

L'OUVREUSE.

Madame est bien bonne de me remettre.

AUDE, donnant encore.

Et puis, voici pour votre discrétion. J'attends quelqu'un ici. Au fait, vous l'avez vu hier au soir dans la loge de la baronne Darbrissel.

L'OUVREUSE, étourdie.

Justement...

(Elle s'interrompt.)

AUDE

Quoi? Qui est là?

L'OUVREUSE

Non, je voulais dire... Rien... Il n'y a que deux autos au bout du jardin.

AUDE

Dieu! Déjà! Alors, ils se battent? Je n'ai rien pu empêcher. (*Elle se jette vers la porte et en passant devant le vitrage, plonge son regard dans le hall.*) Ah, Jerry, enfin! (*Elle a aperçu Jerry, venant du fond du hall. A l'Ouvreuse.*) Laissez-nous.

L'OUVREUSE, intervenant.

Mais, Madame... Le temps seulement de ranger ma literie...

(Elle fait un mouvement vers le paravent.)

AUDE, lui barrant le chemin.

Non !

L'OUVREUSE, pleurant presque.

Y a mes chichis sur la chaise...

AUDE

Laissez-nous, je vous en prie, ma bonne femme. Il s'agit de choses graves.

(Elle court en haut de l'escalier attendre Jerry.)

L'OUVREUSE, en sortant.

De choses graves... Elles trouvent ça grave, ces femmes du monde d'aujourd'hui... En tout cas, ça ne les arrête guère et gna pas grand'chose de changé. Si pourtant, les heures. (*Elle se frotte un œil.*) On se couchait, nous, à l'heure où elles se lèvent. Ça ne fait rien, c'est l'acte chez la cocotte. Et la cocotte, c'est moi !

(Elle s'éclipse au moment où paraît Jerry, encore en habit sous un pardessus long boutonné jusqu'au col.)

SCÈNE II

AUDE, JERRY, LA BARONNE, derrière le paravent.

AUDE

Enfin ! Eh bien ?

JERRY

Tout est fait. Ne soyez pas anxieuse. Oh ! comme vous êtes pâle... J'aurais dû faire plus vite, vous rassurer plus tôt... Mais il n'avait pas couché à sa maison, je n'ai pas pu remettre l'enveloppe avant maintenant, tout de suite... On chargeait les pistolets.

AUDE

Ah !

JERRY

J'ai couru et j'ai guetté toute la nuit... mais c'est fait.

AUDE

Quoi? Qu'est-ce qui est fait? Merci, monsieur Cheek. Mais quoi? Il n'y a pas eu de duel?

JERRY

Non.

AUDE

Ah ! Merci. Où sont-ils?

JERRY

M. Mezquita est parti seul. Fallait-il l'amener?

AUDE

Non, mon Dieu ! Les autres?...

JERRY

... Sont là-bas qui parlent. Ils parlent beaucoup. Les quatre témoins et le Duc.

AUDE

Racontez.

JERRY

En vous quittant avec la lettre, j'ai été à votre maison d'abord. Personne dedans. Puis, à l'autre maison que vous avez dite... avenue Hoche. (*Mou-*

vement de la Baronne cachée.) Là, que faire ? Les domestiques ne pouvaient pas me renseigner... Ils n'auraient pas su eux-mêmes. Alors je suis resté en fiacre au coin de la rue tout près, surveillant la porte. Le cocher a voulu rentrer quand il a fait jour. Je suis resté avec des balayeurs. Un sergent de ville voulait me faire partir. Mais je n'ai pas parti. Pendant ce temps, Jock attendait devant votre maison ?

AUDE

Jock ?

JERRY

Mon *trainer*, masseur, un ex-champion dévoué comme un chien. Il est en bas. A six heures, il est venu me dire que M. Mezquita n'était pas rentré. Où l'attendre maintenant ? Je suis parti alors avec Jock, pour ici, où j'étais sûr de trouver votre mari quand il viendrait.

AUDE, impatientée.

Et puis ?

JERRY

Ils sont tous arrivés en même temps, très vite, avec grande peur d'être vus, et en refermant sur eux la porte du hangar avant que je puisse parler à personne. Alors Jock a enfoncé une planche et nous sommes entrés. Ils étaient en colère. Les pistolets allaient être chargés. J'ai dit que je devais remettre à M. Mezquita une lettre pour lui tout de suite. Il l'a prise, furieux, et quand il a retiré de l'enveloppe

la carte sur laquelle il y avait des mots typés, sa
face est devenue grise comme une pierre.

AUDE

Ah ! Et puis ?

JERRY

Personne ne disait rien. Il a écrasé la carte dans
sa main en regardant autour de lui. Alors, le Duc a
dit : « Je fais des excuses ».

AUDE, stupéfaite.

Comment !

JERRY

Il l'a dit et aussi : « Je reconnais mes torts. Je
retire les mots. » Les autres étaient surpris. J'avais
l'autre lettre pour eux dans le cas où le duel aurait
continué. Comme vous m'aviez ordonné.

AUDE

Oui, après ?

JERRY

Je ne l'ai pas donnée. La voici.

AUDE, la prenant avec un frisson.

Merci. Et il est parti tout de suite ?

JERRY

Mezquita ? Oui. Seul. Sans adieu à personne.

AUDE

Il ne vous a rien demandé.

JERRY

Non. Il avait l'air malade, comment dites-vous,
l'air : pas tout là. Il est parti dans le Bois. Pendant

que les autres parlaient, en remuant les bras. Ils parlent encore. Ai-je fait comme il fallait? Est-ce bien? Faut-il faire encore?

AUDE, lui mettant la main sur l'épaule.

Vous avez été un vrai ami, monsieur Jerry. Je ne l'oublierai jamais.

JERRY

Oh! merci tellement! Ce n'était rien. Vous pouvez demander *tout*, oui *tout*, et si ce n'est pas assez...

AUDE

Comment oser vous importuner encore?...

JERRY

Oh! merci, vous êtes bonne...

AUDE

Non, je ne suis pas bonne, mon gentil Jerry. Voulez-vous demander au duc d'Altillac, sans qu'on vous entende, de venir me parler ici quand il aura fini de conférer avec ses témoins?

JERRY

Certainement. Je suis content.

AUDE

Et venez me voir un de ces jours... Bientôt...

JERRY, lui prenant la main.

Merci. Oui. Bientôt.

(Il la serre énergiquement et sort avec un regard d'adoration qui s'efforce à la gaîté.)

AUDE

Je suis révoltante. Quel monstre, une femme qui aime! Drôles de gens!... Il a l'air content avec cela... ou brave... Qu'importe?... Jean, mon bien-aimé... sauvé! Qu'est-ce que tout le reste? Sauvé!

(Rentre l'Ouvreuse, avec plumeau, balai, etc...)

L'OUVREUSE

On va pouvoir faire un brin de rangement.

(Sans attendre la réponse, elle va droit au paravent qu'elle ouvre, et pousse un cri aigu en se trouvant nez à nez avec la Baronne.)

SCÈNE III

AUDE, LA BARONNE, L'OUVREUSE

LA BARONNE, sortant de derrière le paravent, à l'Ouvreuse.
Idiote!

(L'Ouvreuse choit à demi pâmée sur le lit. Elle se remet peu à peu et, pendant la scène des deux femmes, plie le lit et le dissimule dans un coin, laissant le paravent.)

AUDE, tressaillant.

Vous!...

LA BARONNE

Vous avez eu peur, ma chère ; avouez que vous avez peur.

AUDE

Que faites-vous là? C'est ignoble.

LA BARONNE

Je m'instruis.

AUDE

Vous risquiez d'en apprendre un peu plus que vous ne désiriez.

LA BARONNE

Il me suffit d'avoir appris que c'est toi qui es à la base d'une machination dont la clé me sera donnée tout à l'heure.

AUDE

Croyez-vous ?

LA BARONNE, regardant sa montre-bracelet.

Dans quarante minutes. Machination dont tu as, semble-t-il, quelque louche intérêt à ce que l'auteur reste anonyme ?... Oui, n'est-ce pas ? Et dont le but était de sauver ton amant du pistolet de ton mari ? Me trompé-je ? Voilà ce que le hasard m'a permis de glaner. Ce n'est pas si mal.

AUDE

Puisque vous allez rejoindre votre amant, demandez-lui le reste. Il vous le dira peut-être. Et gardez-le bien ! Vous vous valez.

LA BARONNE

En tout cas, ce n'est pas lui qui a fait des excuses. Tu n'inspires pas l'héroïsme à tes champions.

AUDE

Cela suffit. Allez finir votre besogne. Le commencement est manqué, le sang n'a pas coulé.

LA BARONNE

Il le ménage. Il est trop bleu ?

AUDE

Ricanez ! Oui, il reste du venin dans ces crochets-là... Allez mordre, fouiller la plaie... Qu'attendez-vous ? Je ne lève pas un doigt pour vous retenir. Mais un conseil d'amie, le dernier : ne tardez pas. Tout le venin n'est pas versé et toute la honte non plus n'est pas bue. Vous échangerez vos confidences, poison pour poison... Duo charmant. Pas de jaloux. Chacun son compte...

LA BARONNE, les dents serrées, en montrant la lettre aux témoins, que Jerry vient de rendre et dont elle s'est emparée sur la table où l'a laissée Aude.

Ne t'inquiète pas. C'est ton compte à toi que je vais régler.

(Elle se dirige vers la porte. L'Ouvreuse, qui a fini ses rangements, se précipite pour lui ouvrir.)

L'OUVREUSE

Pardon, excuse, madame la Baronne ! Le cri m'est parti involontairement. On a tous les nerfs au ras de la peau avec ce printemps... (*Elle la suit en continuant de parler.*)

(La tête du Duc paraît à ce moment au haut de l'escalier tournant.)

LE DUC

Plus personne ? J'entendais des voix.

(Il paraît préoccupé avec une affectation d'insouciance.)

SCÈNE IV

AUDE, LE DUC

AUDE, d'un grand élan.

Ah ! Jean !

LE DUC

Qui était là ?

AUDE

Personne. Une femme de service.

LE DUC, lui prenant les mains.

Vous ici, Aude, quelle folie !

AUDE

Il a fallu. Je n'ai pas pu...

LE DUC

Vous m'aviez promis...

AUDE

Oui, bien des choses... Mais il s'agissait de vous sauver...

LE DUC, haut-le-corps.

Me sauver ?

AUDE

De la mort certaine qui vous attendait, oui. Ah ! je n'aurais pas dû dire cela...

(Un silence.)

LE DUC

Si. Mais plus tôt... Tellement certaine que cela, en vérité ?... (*Sourire ambigu.*) Je vous dois tout...

AUDE

Vous êtes fâché... Il faut me pardonner... Je suis émue, bouleversée... Mais vous, vous, Jean, qu'avez-vous fait?...

LE DUC, nerveusement.

Moi? Eh bien, j'ai compris ce qui arrivait et que vous aviez manqué à votre promesse, encore, en voyant se décomposer le visage de ce misérable lorsqu'il a ouvert l'enveloppe. Il y avait une carte à jouer dedans, n'est-ce pas? avec quelque chose de typé... Il est devenu terreux. Cela faisait pitié. On aurait pu lui épargner cette mise en demeure publique, lui donner le temps de trouver un biais. C'était inhumain.

AUDE

Ce n'est pas ma faute. Quelles angoisses m'ont contrainte!...

LE DUC

Alors, vous comprendrez ma pitié devant cette autre angoisse. Dites! Vous au moins! Saint-Sabas et Girod viennent de me rebattre les oreilles d'un tas de fadaises... J'ai vu ce malheureux, dont la bile perçait la peau. J'ai pensé à la honte qu'il lui faudrait avouer, là, devant ces hommes — car Cheek tenait une autre lettre, pour les témoins, j'imagine, en cas de refus d'obtempérer au premier mandat?...

AUDE

Je pensais à votre sang sur l'herbe.

LE DUC

Moi, j'ai pensé a votre honneur, à votre repos, par terre aussi, avec ceux du disqualifié, à l'esclandre affreux dont, malgré tout, le monde imbécile vous ferait à demi responsable, et c'est moi qui me suis avancé et qui ai dit : « Je ne me battrai pas. » Ça été. impulsif, irrésistible. Je ne regrette rien. Ainsi vous êtes indemne. Pourvu qu'on ne vous voie pas quand vous partirez d'ici ! Quelle imprudence, Aude !

AUDE

Jean, je vous assure que le hasard explique suffisamment... On vient ici... La mode est bête...

LE DUC

C'est que j'enrage de penser qu'une imprudence de femme va ruiner mon effort (et il m'a coûté un peu) pour que rien ne transpire jamais et que nulle éclaboussure ne puisse vous atteindre. Mais, en définitive, personne n'a su le mot de l'énigme. Ils ont eu la délicatesse de ne pas insister. Personne ne se doute. Pas même Saint-Sabas. Et tout, quoi qu'ils disent, tout sera comme si rien n'avait été ! Je tâcherai que mon sang-froid sur le terrain ait bientôt l'occasion de dissiper tous les doutes. Ça, j'y tiens. Et vous, Aude, qu'allez-vous faire ?

AUDE

Je ne sais plus bien. Je compte sur vous, un peu, pour me le dire... (*Un temps.*) (*Brusque changement de ton.*) Ah ! qu'est-ce qu'il y a ? Il me semble qu'un froid tombe soudain sur mes épaules. Partons ! Pourquoi restons-nous ici, Jean ? J'ai froid... Je tremble...

LE DUC

Que craignez-vous ? Mezquita ? Alors, je reste. Au fait, il va chercher qui l'a vendu... Il trouvera.

AUDE, avec volubilité.

Non, je n'ai pas peur de Mezquita, je n'ai pas besoin de protection. Il ne m'attribuera pas ce qui lui arrive. Le coup peut lui venir d'un ennemi quel qu'il soit, ou d'amis à vous, votre mère, un des vôtres, Saint-Sabas lui-même... Ou plutôt, un Américain a servi d'intermédiaire, c'est du côté de l'Amérique qu'il cherchera...

LE DUC

En tout cas, votre père est près de vous.

AUDE

Oui... il veut m'emmener en Bretagne.

LE DUC

C'est bien.

AUDE

Pour le moment...

LE DUC

Pour le moment, sans doute, mais c'est bien.

AUDE, d'une voix blanche.

C'est très bien... c'est entendu.

LE DUC

Vous me trouvez bête, gens-du-monde, pompier.
C'est vrai, ça me gêne de manquer à ce qui se fait, à
ce qui se doit. C'est absurde peut-être.

AUDE

Non, Jean, mais... je comprends tout à coup. (*Le
regardant dans les yeux.*) Ah! vous ne me pardonnerez jamais.

LE DUC

Aude, qu'est-ce ?... Vous me blessez...

AUDE, l'œil fixé devant elle, comme fascinée par un avenir qui se
dévoilerait peu à peu.

Non, vous avez fait tout à l'heure une chose che-
valeresque, généreuse et folle qui vous ressemble
et pour laquelle je vous aimerais mieux encore, bien-
aimé, si c'était possible. Mais, déjà, déjà.... on a
jeté dans votre esprit sur les suites d'un tel acte je
ne sais quel doute, quel scrupule, et, obscurément,
vous m'imputez cela, aujourd'hui, comme vous me
l'imputerez demain, et ensuite, plus clairement toujours, plus impitoyablement. Et cette amertume durera dans votre cœur. Elle durera plus longtemps
que l'amour, plus tard que l'oubli même, et, c'est
elle, la seule mémoire que vous garderez un jour,
et je serai volée de la tendresse de votre souvenir
à l'heure où je n'aurai plus d'autre bien, à l'heure
où plus rien ne se réjouira de moi sur la terre...

(Elle frissonne.)

LE DUC

Aude, quelle extravagance ! Je vous supplie de ne pas parler ainsi. Moi, vous en vouloir ? Je ne vous en veux que de ce que vous faites contre vous-même, d'être ici. Si Mezquita l'apprend, vous vous dénoncez à ses yeux ; si c'est le monde, il vous accablera.

AUDE

Et vous, que ferez-vous alors ?

LE DUC

Je ne défierai pas le monde, pas plus que je n'ai affronté l'homme. Pas de bravades, comme vous le disiez à l'instant (*Mouvement d'Aude que Jean arrête d'un geste.*) parce que, l'homme et le monde, c'est sur *vous* qu'ils se vengeront.

AUDE

Ah ! qu'importe !

LE DUC

Comment, qu'importe ? Votre honneur ! C'est quelque chose, il m'est plus cher que le mien. (*Tendrement.*) Je viens de le prouver, je crois...

AUDE

Merci, Jean, c'est vrai. Je vous en suis humblement reconnaissante. Et maintenant ? Oh ! partez, il est temps.

LE DUC

Et maintenant, chère, parlons de nous. Où nous revoir ?

AUDE

A Versailles, tout à l'heure. Prenez les devants. Cela, j'y tiens... Ne rentrez pas à Paris. Vous m'attendrez à la Petite Venise, au bout du Grand Canal. J'y serai dans une heure !... M'aimez-vous encore ?... Le souvenir autant que le désir?... (*Il la prend dans ses bras.*) Merci... Va !...

(*Elle accentue le mot d'un geste impérieux en entendant quelqu'un monter l'escalier de droite. Il disparaît dans l'escalier tournant. Elle continue d'écouter, mais le bruit a cessé. Elle ferme les yeux, semble baiser à nouveau sur ses lèvres la bouche de son amant, murmure : « Que je l'aime! » Puis, comme sortant d'un rêve, elle regarde l'heure.*) Quarante minutes, m'a-t-elle dit, — le temps file... (*Elle baisse sa voilette, remet ses gants et se dispose à partir.*) Au moins, s'il vient, il ne retrouvera plus Jean. Mais Jean, que j'ai fait partir, le retrouverai-je, lui? J'ai peur de tout ce qui peut me le reprendre...

SCÈNE V

AUDE, SAINT-SABAS

(Saint-Sabas paraît en haut de l'escalier tournant, portant une boîte à pistolets.)

AUDE, se jetant au-devant de lui.

Ah! mon cher, je pensais à vous. Quelle vraie chance ! Je n'aurais pas voulu partir sans vous revoir.

SAINT-SABAS

Moi aussi, mais pourquoi êtes-vous venue ici, chère Madame ? Tout est folie, du reste, dans cette aventure.

(Il pose la boîte qu'il tenait.)

AUDE

Ils ne se sont pas battus. C'est tout ce que je voulais.

SAINT-SABAS

Parbleu ! Mais ce résultat, nous l'obtenons à quel prix ! Jean a fait une chose insane aux yeux de tous les gens qui ne le connaîtraient pas. Des excuses sur le terrain ! Je vois la tête du vieux prince de Namur en apprenant que sa fille est fiancée à un garçon qui a fait des excuses sur le terrain ! Qu'est-ce qui l'a pris ? Il a toujours été un peu emballé ; mais de là... Il m'inquiète, il m'échappe... Vous devez savoir...

AUDE

En un mot, vous me rendez responsable...

SAINT-SABAS

Sans vous, rien ne serait arrivé. Et ce n'est pas fini !

AUDE

Que craignez-vous ?

SAINT-SABAS

Votre malheur à tous deux.

AUDE

Quoi ? que je l'aime ? que je veuille partager sa vie ? Et puis après ?

SAINT-SABAS

Oh ! voilà les folies qui commencent !

(Cris, discussions à l'extérieur.)

Qu'est-ce qui arrive ?

SCÈNE VI

LES MÊMES, LA DUCHESSE, LAVRIANO

(La porte s'ouvre brusquement devant la Duchesse, en fourrure d'automobile, des lunettes à barbe de taffetas relevées sous sa coiffure d'opéra ; Lavriano et l'Ouvreuse la suivent.)

SAINT-SABAS

Rien ne devait manquer décidément à l'insanité de cette journée...

LA DUCHESSE

Je dis que je veux donc de la poudre, des épingles à cheveux, et un jaune d'œuf dans du cognac !... Gricha, battez cette femme qui voulait m'empêcher de passer... moi, Natalia Haralambowna !... Dans l'état où je suis !... Vous pouvez lui reprendre après l'argent qu'elle m'a gagné... car c'est elle avec qui nous jouions le bridge, ce monstre... Nous tombons dans une maison hantée ! Ma chance !... (*A Aude et Saint-Sabas qui lui font une révérence et un baise-*

main.) Bonjour, chers... (*A Aude.*) Vous au moins, la Baronne m'avait dit que je vous trouverais ici et quelque chose à manger...

AUDE, à part.

Elle !

LA DUCHESSE

Mais avec un autre homme... Nous avons failli caramboler son électrique tout à l'heure... Qu'est-ce qu'elle faisait, je vous demande?... Je vous dis qu'il faut qu'ils reviennent tous, tous les cauchemars de cette épouvantable nuit... je suis traquée... je cours devant avec Gricha, comme un lapin (*Saint-Sabas sourit.*) comme deux pauvres petits lapins à cent vingt kilomètres à l'heure depuis le petit jour... depuis cette chose. (*Elle cache ses yeux.*)

LAVRIANO, à Saint-Sabas.

L'exécution de ce matin ! Fichue idée d'aller voir ça !...

LA DUCHESSE, se cache les yeux.

Ach !... qui me galope après, qui va me rattraper, aussi, sûr, sûr, comme vous m'avez rattrapée déjà tous... ach !...

LAVRIANO

Voyons, du calme. (*A l'Ouvreuse.*) Allez chercher ce jaune d'œuf. Et du jambon. Avez-vous de l'extra-dry ? La Baronne nous a juré que c'était le seul endroit où trouver à manger à cette heure.

AUDE

Votre Altesse devrait s'asseoir. Retirer ce manteau.

LA DUCHESSE, obsédée du souvenir.

Cette chose!... lieber Gott!... ne me demandez pas de raconter parce que, si je parle, je pense, si je pense, je vois, si je vois, ach! Oui, je m'asseoirai. Ça va mieux depuis que nous sommes sortis de cette infernale auto, Gricha. Il fait beau, clair, ici. J'ai besoin d'émotions douces, et qu'on me dorlote... vous me servirez sur une petite table! Apportez-moi la poudre, Gricha. (*Avisant la boîte à pistolets.*) Qu'est-ce que c'est que ça?

(Elle l'ouvre.)

SAINT-SABAS

Rien!

LAVRIANO

Des pistolets de combat. Hein?

LA DUCHESSE

Ma chance! Un duel! je tombe sur un duel! Il ne manquait que ça, mais qu'est-ce que ça est pour des nerfs de pauvre femme, une nuit comme celle-là!...

SAINT-SABAS

Il n'y a pas eu de duel.

LA DUCHESSE

Ils déjeunent alors, selon l'usage national... Eh bien, ôtez ça, que nous puissions en faire autant.

Mettez sur le piano. Donnez-moi, en attendant la nourriture, une fleur de cet arbre qui entre par la fenêtre, comme un voleur, — c'est un cauchemar aussi, un cauchemar plus vieux, plus vieux...

SAINT-SABAS va à la fenêtre et allonge le bras pour casser une branche de l'arbre fleuri.

LA DUCHESSE

Ne cassez pas la branche n'importe où... Ah! trop tard! Il ne connaît pas les fleurs. (*Respirant les fleurs et regardant l'arbre.*) Qu'il est joli avec sa rosée!... tout pareil à ceux de Toula, la semaine de Pâques, dans les années 90...

AUDE

Les mêmes fleurs? Votre Altesse a une mémoire...

LAVRIANO, toussant.

On n'apporte pas ce champagne...

LA DUCHESSE

Vous avez mal cassé la branche, Saint-Sabas. Il fallait plus bas que le petit rameau, et couper, trancher... (*Cri aigu.*) Ach!

LAVRIANO

Bon! Ça la reprend. (*Entre l'Ouvreuse.*) Heureusement, voici le champagne!

(Il verse une rasade à la Duchesse, qui l'avale d'un trait.)

11

LA DUCHESSE

De quoi parlez-vous tous deux? Il faut me dire
vite, m'empêcher de penser. D'abord, qu'est-ce que
vous faites ici à une heure pareille? (*Prévenant la
réponse et imitant Saint-Sabas.*) Ouais, c'est chic,
cet endroit, le matin, vous êtes venue pour maigrir.
Bon, bon, je ne dirai rien. Mais dites alors ce que
vous racontiez? Ne me faites pas languir... Ah! je
suis faible comme du beurre, on pourrait m'étendre
sur du pain avec un couteau. (*Cri.*) Ach! (*A Lavriano.*)
Je vous en prie, parlez, dites n'importe quoi? Je
suis à bout.

SAINT-SABAS, avec volubilité.

Eh bien! nous parlions d'une histoire qui fait
déjà du bruit et qui en fera bien plus, en Angleterre,
dans la société. Ça nous intéresse à cause d'une
vague parenté, il s'agit d'une petite mistress, un
nom tout court.

LA DUCHESSE

Très court, en effet...

SAINT-SABAS

Mais bien née, qui veut divorcer pour épouser le
prince X...

LAVRIANO

Encore un nom tout court.

LA DUCHESSE

Mais il n'y a pas de princes en Angleterre...

SAINT-SABAS

Je dis prince parce que ça équivaut à prince, peu importe. En tout cas, un homme jeune, appartenant par son nom à un tas de traditions... et je disais que heurter un tel édifice c'était risquer pour la dame, si séduisante qu'elle soit, de se le faire choir sur le nez !

AUDE

Ça prouve qu'il n'est guère solide.

SAINT-SABAS

Oui, mais il est encore lourd !

LA DUCHESSE

Elle l'aime.

SAINT-SABAS

Peut-être.

AUDE, en même temps.

Oui.

LA DUCHESSE

Le mari ?

SAINT-SABAS

Comme les autres. Pas intéressant.

AUDE

Elle le quitte d'ailleurs. L'annulation ne fait pas de doute.

LAVRIANO

Elle est donc riche ?

LA DUCHESSE

Impie Gricha ! Vous bêchez votre métropolite.

AUDE

Elle n'est pas riche.

SAINT-SABAS

Il faut en convenir.

LA DUCHESSE

Mais le prince l'est pour deux.

LAVRIANO

Et bientôt pour trois.

LA DUCHESSE, avec reproche.

Gricha !

AUDE

Elle est honnête !

LA DUCHESSE, déçue.

Ah ! c'est moins drôle.

SAINT-SABAS

Comment, moins drôle ? Mais ce ne serait pas drôle du tout pour une femme honnête, nous le disions, délicate de sentiments, très fière, d'avoir à forcer les portes d'une famille qui ne pardonnera jamais, d'une société qui pardonne toujours, mais à quel prix, avec les abois de tous les jaloux à ses trousses.

AUDE

Si elle aime assez pour mépriser tout cela...

LAVRIANO

C'est un ange, ça ira, pour peu que le prince soit un saint.

LA DUCHESSE

Ou un sot.

SAINT-SABAS

Justement. Vous mettez le doigt dessus... Ce n'est pas un saint. C'est un enfant, déjà débrouillé pourtant, un Chérubin où don Juan s'essaie...

LA DUCHESSE

Gentil, ça, Gricha ?

LAVRIANO, lui fait les gros yeux.

Phui !

SAINT-SABAS

Et ce n'est pas un sot, non plus. Il se rendra compte qu'il est handicapé dans la vie, une fois le premier feu tombé, et s'il ne le dit pas, c'est que ce n'est pas non plus un mufle. Mais la femme, qui est fine, sentira le grief implacable qui grandira entre eux deux.

LA DUCHESSE, braquant son face-à-main sur Saint-Sabas.

Cet homme parle comme un pope !

AUDE

Et que diriez-vous si la femme, pour détruire tout soupçon d'égoïsme, de confiscation, avait la dignité de s'enfoncer dans l'ombre, la retraite, contente de l'aumône qu'il lui jetterait à son gré ? Si c'est pour le bien véritable de l'homme qu'elle aime, elle le fera. Je la connais.

SAINT-SABAS

La malheureuse !

LA DUCHESSE

La dinde ! (*Elle boit du champagne. Un froid.*) Je n'aime pas à donner mon avis, surtout quand on ne me le demande pas. Je me borne donc à l'indiquer... d'une nuance, mais si vous me le demandiez par hasard à propos de cette histoire un peu ennuyeuse, je dirais que je ne la trouve pas moins déplacée...

SAINT-SABAS

Mille pardons, Madame.

LAVRIANO

Ne faites pas attention. Le champagne... Retirez le seau...

LA DUCHESSE, s'animant.

Car enfin, c'est la mienne ! Presque tout à fait. Et j'étais plus comme il faut que n'importe qui, avec une profession poétique, et fière aussi : personne au-dessous d'un colonel ne m'aurait baisé les doigts...

LAVRIANO, à Saint-Sabas.

Aïe, les souvenirs ! Non, tout ! mais pas ça.

(Il se précipite au piano et joue la chanson de Bruant.)

« La dernière fois que je l'ai vu, » etc.

LA DUCHESSE

Ha! ha! ha! qu'est-ce qu'il joue ? *A la Roquette.*
Le fils de catin ! Arrêtez-le, arrêtez-le ! (*Elle dé-
faille.*)

(On lui met de la glace du seau de champagne sur les
tempes.)

LA DUCHESSE

Exprès, il a donc fait ! Je le renverrai à Naples
manger ses quatre-vingts centimes de macaroni par
jour...

(Lavriano joue plus fort pour couvrir la voix.)

Tais-toi, bourreau ! (*Cri.*) Ach ! le bourreau ! Je le
vois. (*A Saint-Sabas.*) C'est donc votre redingote qui
me fait penser à la sienne.

SAINT-SABAS, peu flatté en regardant sa redingote.

Désolé !

LA DUCHESSE

Il n'y a que vous et le bourreau en redingote à
Paris à cette heure-ci ! Otez-la ? Otez-vous !

(Elle l'écarte du geste. Il va sur le devant de la scène
où Aude le rejoint.)

(Lavriano joue un air russe.)

Ah ! ça c'est joli. Le petit pourceau, comme il
joue ! On dirait les douze balalaïkas du seigneur
de Jasimi-Raskof. Oui, oui, joue-la, tu sais comment
on me prend. Joue-la, la chanson à boire qui fait
pleurer...

(Elle continue d'écouter, dodelinant, extasiée, pen-

dant les répliques suivantes, jusqu'à ce que ses yeux se
ferment de sommeil.)

AUDE

Alors, que voulez-vous de moi ? Que n'ayant plus
rien, je sacrifie le reste ?

SAINT-SABAS

C'est pour votre bonheur...

AUDE

Mon bonheur, allons donc ! N'en parlons pas de
mon bonheur. Mais il y a le sien, j'ai à lui en donner, et, mieux, encore, du courage.

SAINT-SABAS

Quel courage ?

AUDE

De s'arracher au néant.

SAINT-SABAS

Quel néant !

AUDE

Sa famille, son monde, ses amis...

SAINT-SABAS

Merci...

AUDE

Tout ce rien auquel vous me sommez de me sacrifier, n'est-ce pas ? selon l'antique loi. D'abord,
déblayer de ma personne la route qui conduira Jean
à ce caveau de famille dont, en vérité, vous l'aurez
laissé, tous, si peu sortir ! Oui, vous, l'avocat du
caveau, vous la voulez toute plate, la route qui l'y

mènera rejoindre vingt générations de mariages de raison avec sa femme laide, ses enfants chétifs, entre le salut de ses vicaires et celui de ses piqueux. C'est cela que je viens voler, n'est-ce pas? Mais je lui donne quelque chose en échange.

SAINT-SABAS, ironique.

Certes!...

AUDE

Lui-même! Je sais ce qu'il vaut et que je fais bien!

> (La musique, que Lavriano a menée de plus en plus piano en voyant la Duchesse s'endormir, s'arrête.)

Oh! pourquoi s'arrête-t-il maintenant? Il est aussi malencontreux que la vie.

> (Ils se retournent. Il se remet à jouer d'une main, parce que la Duchesse a remué. De l'autre, il fait signe de sonner. Saint-Sabas appuie sur le bouton. Lavriano fait merci de la tête, riche gesticulation napolitaine, l'Ouvreuse apparaît. Lavriano lui fait signe de venir au piano, toujours sans cesser de jouer. Elle s'approche d'un air ahuri. Il lui parle. Elle revient à Aude.)

SCÈNE VII

LES MÊMES, L'OUVREUSE

L'OUVREUSE

Monsieur demande à Madame de bien vouloir le remplacer.

AUDE

Moi ? Au piano ?

L'OUVREUSE

Rapport que Son Altesse s'éveillera si la musique a un moment de cesse.

AUDE, prenant d'un sourire à témoin l'ironie du sort, va au piano, prend la place de Lavriano, qui vient à Saint-Sabas.

LAVRIANO

J'ai sonné le valet de pied, nous la monterons à nous deux au second, où il y a une chambre. Oui, dans le fauteuil, il est solide, l'homme aussi. Un ancien marin, la grande habitude...

(Paraît un colosse en livrée, Lavriano lui fait signe. Ils s'approchent de la Duchesse endormie.)

LAVRIANO, à Aude qui joue.

Aïe ! aïe ! pas *Tristan*, ça lui rappelle le commencement de cette soirée. Regardez-la, elle se tortille déjà en rêve. Tout, mais pas *Tristan*... (*Aude change d'air.*) Bien, bien... merci...

(Le valet de pied et lui soulèvent le fauteuil et emportent la Duchesse qui ne bronche plus.)

SAINT-SABAS, comme ils passent devant lui.

Un sommeil d'enfant...

LE RUSSE, dont un large sourire détend la face jusqu'alors impassible.

Elle dort comme un amiral !

(Ils sortent.)

AUDE, bondissant du piano.

Ah! Saint-Sabas, ces fantoches qui emplissent de leurs grimaces le temps si court, le temps sans prix, le temps de Dieu! Tout à l'heure je vous ai fait peur en laissant craindre que je ne m'efface pas, que je réclame à Jean son nom aussi bien que son cœur. Eh bien, non, par horreur d'être suspectée d'un bas complot, je ferai comme j'ai dit, je serai l'amour obscur, anonyme, mendiant...

SAINT-SABAS, levant les bras.

Mendiant et martyr. Ma pauvre enfant!

AUDE

Quoi?... Pas même cela... Mais puisque je le laisserai aux siens, à ses devoirs, à sa mère, à vous, à vous! Ah! vous avez un cœur pourtant. Ah! vous avez eu son âge? Avez-vous jamais, dites-moi, songé à l'inconnue que vous auriez pu rencontrer alors et qui vous eût appris d'autres joies, d'autres risques, d'autres victoires que ceux du bridge?

SAINT-SABAS, étonné d'abord, puis mélancolique.

L'inconnue de mon histoire... Elle croyait à un dieu jaloux... Il me l'a reprise vite.

AUDE

Pas tout entière...

SAINT-SABAS

Que dites-vous?

AUDE

Vous avez gardé un otage !

SAINT-SABAS

Aude !

AUDE

Ah ! c'est donc vrai ! Excusez-moi, je ne choisis plus mes armes, mais répondez-moi. Écoutez le jeune sang qui de vos veines, malgré vous, a fleuri pour vous réclamer aujourd'hui par ma bouche son dû.

SAINT-SABAS

Son dû. Même si j'avais rien à lui accorder, pauvre anonyme que je suis, ce qui m'arrêterait, c'est la certitude de décréter du même coup votre malheur à vous.

AUDE

Moi, malheureuse, quand je l'aime !

SAINT-SABAS

Écoutez, il y a une douleur affreuse pire que l'outrage et les coups que bravent les audacieux comme vous. C'est la douleur des lâches, des lâches comme moi — et vous la connaîtrez aussi après toutes les autres — la douleur de ceux qui sont forcés de cacher leur faute et leur cœur. Oui, c'est affreux de toujours crisper son visage aux yeux d'un fils en une grimace de camaraderie, avilissante malgré tout, affreux de le conduire à la mort comme je viens de faire, il y a une heure, comme un bourreau masqué.

C'est affreux, pour l'amour, pour tout l'amour d'avoir
honte !... Plus tard, quand vous souffrirez, Aude, au
fond de la retraite que vous vous serez choisie,
avez-vous songé à l'amertume suprême? Ce ne sera
pas seulement l'agonie de voir se détacher peu à peu,
fatalement, l'être dont vous aurez enchaîné la vie.
Il y aura pis. Vous n'aurez pas le droit d'avoir un
fils de lui pour vous consoler de le perdre lui-même.
Une petite tête blonde sur laquelle pleurer le passé et
bâtir l'avenir ! Il faut en venir là pour toute femme,
un jour. C'est la sauvegarde, le salut, le seul sursis
possible à la mort. Ce sursis-là pour vous, jamais.

AUDE

Pas de sursis, alors ?

SCÈNE VIII

SAINT-SABAS, AUDE, LE DUC, L'OUVREUSE

(Le Duc entre.)

AUDE

Jean ! Pas parti.

LE DUC

J'ai bien fait. Je viens vous dire que j'ai aperçu
votre mari, en bas.

AUDE

Dieu ! (*A part.*) Pas de sursis...

LE DUC

Guettant dans un taxi, je l'ai vu du soupirail du vestiaire par hasard. J'avais fait un round de boxe avec Jerry Check. Puisque j'étais sorti pour me battre ce matin...

AUDE

On ne vous a pas vu ?

LE DUC

Non. Mais comment est-il revenu ? Pourquoi ? Qu'attend-il ?

SAINT-SABAS

Nous le saurons. (*A Aude.*) Mais, avant tout, disparaissez !

AUDE, pendant que le Duc va regarder de nouveau par la fenêtre du palier.

Oui, si vous restez avec Jean. (*Sourire éteint.*) Je vous le laisse, vous voyez. Mais ne le quittez pas d'une semelle. Juré ? Bon. Et rejoignez-moi dans cinq minutes tous deux sur le chemin de halage.

SAINT-SABAS

Folie ! On vous reconnaîtra.

LE DUC

Une idée ! (*Avisant le matériel d'auto de la Duchesse.*) Cette défroque !

AUDE

Si vous voulez. (*Elle revêt la fourrure.*) A tout à l'heure...

(Elle sort rapidement.)

SCÈNE IX

SAINT-SABAS, LE DUC

LE DUC

Elle est étrange... Que disiez-vous ensemble ?

SAINT-SABAS

L'aimes-tu, Jean ?

LE DUC

Naturellement ! Pourquoi ce ton tragique ?

SAINT-SABAS

Elle est ta maîtresse ?

LE DUC

Quoi encore ?

SAINT-SABAS, entre ses dents.

C'est à cause d'elle que tu as fait des excuses.

LE DUC

Oh ! encore cette histoire ! Un mot de plus et je descends regifler Mezquita par la portière de son fiacre.

SAINT-SABAS

Je t'en prie ! Tu vas la retrouver ?

LE DUC

Et puis ?

SAINT-SABAS

Jean, tu ne ferais pas de bêtises ! Elle est habile, elle est dangereuse... Enfin, tu sens bien, n'est-ce pas ? que le duc d'Altillac ne peut pas épouser le laissé pour compte d'un Mezquita ?

LE DUC, à part.

Et quel Mezquita ?... (*Haut.*) Non, en vérité, je ne crois pas être un mufle. La pauvre créature est très à plaindre, c'est une charmante maîtresse, je ferai mon devoir de galant homme. Elle a pris le ton un peu haut, c'est vrai — comme moi, du reste — mais je compte sur son fond raisonnable. On se dupe tellement soi-même à plaisir en ces moments-là ! On se joue la tragédie, la passion, de bonne foi. La question, vois-tu, c'est de parer l'instant : le premier, le seul qui compte ! de rendre unique, épatante la minute ! On a raison, c'est un devoir. On ne ment pas. C'est si on disait autre chose qu'on mentirait !

SAINT-SABAS

Alors, tu...

LE DUC

Sans que ma conscience ait rien à me reprocher... je peux bien te l'avouer puisque tu y tiens tant, le grand jeu, le mariage n'est jamais entré ni dans mes engagements ni dans mes projets. Elle sera la première à le comprendre...

(Aude a entendu les dernières répliques du haut de

l'escalier tournant où elle est apparue sans bruit. Elle
disparaît un instant.)

SAINT-SABAS

Ah! mon petit Jean. Allons maintenant, je suis
bien content.

(En se retournant, ils aperçoivent Aude au haut de
l'escalier, très pâle, mais affectant le naturel.)

SCÈNE X

AUDE, SAINT-SABAS, LE DUC

AUDE

Je suis essoufflée d'avoir monté si vite... Impossible de passer en bas... Lavriano fume dans le hall.
J'ai attendu embusquée. Il ne bouge pas.

SAINT-SABAS

Mezquita est toujours là?

LE DUC, courant au palier.

Oui.

SAINT-SABAS, après une seconde de réflexion.

Payons d'audace! Il doit croire en vous voyant ici
que vous êtes venue par inquiétude pour lui? (Au
Duc.) Laisse-moi parler. (A Aude.) Vous savez cela
mieux que moi?... Enfin, cette thèse est soutenable
auprès de lui?

AUDE, atone.

Si vous voulez.

SAINT-SABAS

Aude, un bon mouvement. Rejoignez-le et rentrez ensemble. Il sera touché...

AUDE

N'est-ce pas?...

(Son regard est fixé sur Jean.)

LE DUC

Mais non... quelle horrible idée!... (*A Saint-Sabas.*) Vous ne savez pas... vous ne pouvez pas savoir...

SAINT-SABAS, avec force.

Je sais une chose: ce geste d'Aude, fût-il de pure forme, serait en ce moment la seule réponse péremptoire aux canards scandaleux que nous craignons tous et qui du coup seraient tués dans l'œuf...

AUDE, énigmatique.

Bien des choses seront tuées en effet... Évitons le scandale...

SAINT-SABAS

Vous le comprenez...

LE DUC

Mais enfin...

SAINT-SABAS

Elle a raison. Tu devrais t'en rendre compte.

AUDE

Que Jean décide.

LE DUC

Mais, Aude, si vous envisagez, vous, cette possibilité... pénible... peut-être, alors, en somme... par prudence... oh ! provisoire...

AUDE

Oui, n'est-ce pas, Jean, vous avez décidé. Vous partirez les premiers. Adieu. Par là. Surtout, pas de rencontre. Ne compromettons personne. Adieu, adieu, Jean... (*Elle le contemple dans les yeux, puis se détourne avec désespoir.*) Et voilà ! (*Elle feint d'entendre du bruit.*) On vient. (*Elle chasse les deux hommes du geste.*) Ah ! ne plus entendre, ne plus voir ! Et la délivrance est là, de l'autre côté de cette porte, et je tarderais... (*A l'Ouvreuse, qui entre.*) Allez chercher M. Mezquita.

L'OUVREUSE

Je venais dire à Madame qu'il demande à monter.

AUDE, mouvement de recul instinctif.

Ah ! il est là ?... C'est bon, qu'il vienne.

(Au moment où l'Ouvreuse sort, elle frissonne, esquisse un mouvement comme pour la rappeler, puis se raidit dans sa résolution.)

(On entend le pas de Mezquita dans l'escalier. Aude recule à mesure jusqu'à la croisée devant laquelle elle s'arrête, les yeux fermés.)

SCÈNE XI

AUDE, MEZQUITA, puis JERRY.

(La porte s'ouvre lentement. Mezquita paraît, il est blême, mais a pris le masque d'un calme voulu, le masque tombe en apercevant sa femme.)

MEZQUITA

Vous ! L'autre alors ? Où est votre amant ?

AUDE

Je ne sais pas.

MEZQUITA

Il est votre amant. Vous avouez.

AUDE

Oui, oui, oui.

MEZQUITA

Vous m'avez vendu pour le suivre.

AUDE

Pour le sauver.

MEZQUITA

Pas longtemps !...

AUDE

Misérable !

MEZQUITA

Des gros mots ?...

AUDE

Il n'y a plus de mots pour la haine et le dégoût
que vous m'inspirez.

MEZQUITA

Vous n'avez pas peur ?

AUDE

Non, j'ai hâte.

MEZQUITA

Ouvrez les yeux.

AUDE

Pour vous revoir, jamais.

(Un temps.)

MEZQUITA

Mais vous voulez donc... Tiens ! tiens !...

AUDE, ouvrant les yeux.

C'est le rejoindre que je veux. M'entendez-vous ?
Je l'aime, je suis à lui ! Mais que faut-il vous dire ?...

(Elle s'affaisse en proie à une sorte de cries de nerfs.)

MEZQUITA, sans s'émouvoir.

Vous avez ouvert les yeux... Moi aussi... Vous
comptiez que je vous tuerais sous le coup de ma
colère en vous trouvant là. Vous ne vous seriez pas
exposée, me connaissant, si... (*Regardant autour de
lui en se ramassant sur lui-même.*) Ou plutôt, c'est
un piège, un autre encore... quelqu'un va sortir

d'une trappe... (*Il bondit sur le paravent.*) Quelque chose remue là.

(Le paravent tombe sur un dossier de fauteuil où il reste obliquement appuyé.)

AUDE

Nous sommes seuls.

MEZQUITA

Seuls, seuls. Pas de gêneurs. (*Indiquant la boîte de pistolets.*) Les accessoires à portée... Ah! ça ne marche donc pas si bien, vos affaires de cœur? Ah! ces gigolos!... Et vous voulez encore me compromettre pour vous tirer de là. Ma chère, ce serait trop facile. Je ne satisferai pas si bêtement votre goût du mélo.

AUDE, se jetant sur les pistolets.

Alors...

(Il se rue sur elle d'un mouvement véloce et précis et d'un coup sur le poignet d'Aude fait tomber sur la table le pistolet dont il s'empare. Elle a poussé un cri de douleur.)

MEZQUITA

De quoi? Des emblèmes?... Pas de ça, guapa. Ni pour moi, ni pour toi; pas encore...

(Jerry apparaît en haut de l'escalier tournant, en tricot et pantalon blanc.)

JERRY

Qu'est-ce que c'est?

AUDE

Jerry, au secours !

MEZQUITA

Ah! celui-là, tout de même, je l'avais assez vu !

(Il arme le pistolet.)

JERRY, se jetant au-devant d'Aude.

Hands up ! Je ne veux pas qu'on ennuie une dame. (*Appelant.*) Jock ! (*A Aude*). Ne craignez pas.

MEZQUITA, sans lever le pistolet.

Jeune idiot ! D'où sort-il ?

L'OUVREUSE, apparaît à la porte de droite.

Ah ! mon Dieu ! Un homme en maillot.

(Jock, un géant, apparaît en haut de l'escalier qui craque sous son poids.)

L'OUVREUSE, criant.

Un autre ?

JERRY, lui montrant Mezquita.

Pin him down.

(Mezquita veut se défendre, mais Jock, s'abritant derrière le paravent qu'il redresse, l'accable sous le poids et le maintient terrassé après une courte lutte que Jerry ponctue d'interjections.)

Hooray ! One for the baby, etc....

JERRY, à Aude, montrant les deux hommes à terre.

Je suis très fâché de tout ce mess. Qu'est-ce qu'il faut faire ?

AUDE

Que je ne le revoie jamais...

JERRY

All right!... (*A Mezquita.*) Vous avez voulu tuer. Nous sommes tous témoins. (*Il consulte de l'œil l'Ouvreuse et Jock.*) Wit ness you'll stand ?

(Signe de tête affirmatif de Jock.)

L'OUVREUSE

J'ai vu le pistolet dans sa main. Sainte Vierge ! que j'ai peur !

JERRY, à Mezquita, désignant Jock.

Celui-là prend charge de vous. Vous montez avec lui dans le car et ne bougez pas jusqu'à ce qu'il permette...

MEZQUITA

Dites à cette brute de me lâcher...

JERRY

Easy, Jock.

MEZQUITA

C'était le guet-apens, je le savais.

JERRY

Vous prenez le bateau de nuit pour Londres. Jock vous mettra à bord. Si vous refusez ou rentrez en France, je vous fais arrêter. Vous vouliez tuer..
(*Il consulte Aude du regard. Elle approuve de la tête.*)

Well done, baby. Now off. Take the car to Calais
and see the fellow sails to night.

MEZQUITA, blême de fureur.

Mes compliments, ma chère. Vous savez vous retourner. Un de perdu, dix de retrouvés. Moi aussi,
vous me retrouverez. (*A Jerry.*) Bonne chance, eh!
chandelier!... tu...

> (La voix s'arrête, brusquement coupée par une tor-
> sion imprimée au col et à la cravate par la poigne de
> Jock.)

JERRY

Silence! ou Jock vous sort comme ça devant tout
le club!...

> (Mezquita et son garde du corps sortent. L'Ouvreuse
> suit.)

SCÈNE XII

JERRY, AUDE

JERRY, à Aude.

Je suis si honteux. Tout ça, devant vous! J'aurais
dû trouver moyen... Asseyez-vous. Pauvre chère!
Faites-vous confortable. (*Il met un coussin sous ses
pieds.*) Voulez-vous que je vous cherche quelque
chose? Un petit pick-me-up. (*Signe négatif d'Aude.
qui sourit presque.*) Oui, riez! Riez de moi. Il a bien
fait ça, Jock, tout de même! C'est la chose des

Grecs, vous savez, comme on nous apprenait au collège... le... comment dites-vous... une bête... ronde...
dessus... testudo, je sais en latin, une bête pour le
soupe... (*Avec éclat.*)... le tortue !... (*Il commence un
de ses gros rires.*) Vous ne riez pas... Pas mieux maintenant ? Ne tremblez pas comme cela.

AUDE

Qu'est-ce que nous faisons ici ? Il faut que je
parte... Où ? mon Dieu !...

JERRY

Je sais.

AUDE, d'une voix blanche.

Comme vous avez été bon pour moi !...

JERRY

Ne le mentionnez pas. Le yacht est au Havre.

AUDE, sans comprendre.

Ah !

JERRY, à voix plus basse.

Voulez-vous venir ?

AUDE

Venir ?

JERRY

Nous partirons tout de suite par où vous choi-
sirez. Ceylan, les Bermudes. J'ai une île aux Hawaï
avec un petit volcan à moi ; on pêche dans la crique
des poissons tout en lumière, plus beaux que des bi
joux. Venez voir.

AUDE, comme une enfant écoutant une histoire.

Oui, s'en aller, loin... loin ! (*Douloureusement.*)
Ah ! pas assez loin !...

JERRY

Vous direz : « Arrêtez », vous direz : « Allez », je
dirai : « Arrêtons » et je dirai : « Allons ». Je suis
la terre sous vos pieds pour vous porter, le toit sur
votre tête pour vous protéger. Personne ne touchera
un cheveu de vous. Je suis fort.

AUDE

Je ne peux pas...

JERRY

Je suis libre.

AUDE

Je ne vous aime pas.

(Un temps.)

JERRY

Venez sans amour, venez avec l'amour, comme il
vous plaît. J'ai dit ! Je suis libre, mais vous êtes *plus*
libre, parce que ma liberté, à moi, est à vous aussi,
sous vos pieds aussi. Elle ne veut pas se retirer de
sous vos pieds parce qu'ils se blesseraient sur la
route.

AUDE, avec une sorte de colère.

Je ne vous aime pas ! Qui êtes-vous qui me tour-
mentez de la sorte, si près de moi ? Je ne vous connais pas. De quelle fuite m'obsédez-vous, vous qui
parlez comme un maître, et comme un enfant ?...

JERRY

Je suis un homme. Tout le courage, toute la déter-
mination et, j'espère, tout l'honneur d'un homme.
Vous voyez, je n'ai pas dit : Tout l'amour.

AUDE

On ne parle pas d'amour à une morte. Je suis une
morte.

JERRY, lui prenant les deux mains.

Dites cela dans mes yeux ? Osez !

(Quelque chose s'allume dans le regard d'Aude.
Comme fascinée par la confiance et la jeunesse des
yeux qui la fixent, elle ébauche un sourire d'espoir et
de tristesse.)

JERRY, triomphant.

Ah ! merci !

AUDE

Pauvre petit !

RIDEAU

LES AILES CLOSES

PERSONNAGES

PHILIPPE DE CHAMPDIEU, 26 ans, séduisant, sauvant l'audace de
ses théories et leur inconsciente cruauté par une grâce naturelle
et jeune, dont l'ironie légère ne s'épargne pas soi-même.

LE MARQUIS DE SAINT-VENANT, son beau-père, 46 ans, paraît
plus jeune, distinction et aménité parfaites, la grande habitude
de se dominer rend sa voix calme et son geste sobre. Type extérieur de gentilhomme d'ancien régime contrastant avec le ton
intellectuel de son langage.

ERNEST LAGIMEL, 26 ans. Type à la fois de pion et d'orateur de
syndicats. Vulgaire et s'en délectant par bravade d'orgueil. Il
porte comme une livrée mal faite son uniforme de lieutenant de
réserve. Jambières poussiéreuses, revolver, manteau roulé.

DOUGLAS HICKORY, beau-frère de Philippe. Américain, glabre,
l'allure énergique. Mais avec je ne sais quoi de plus fantaisiste
et de moins raide, qu'ont ses compatriotes de souche irlandaise.
Léger accent. Vêtements d'une ampleur un peu exagérée, solides
chaussures.

LOMBRE, l'air correct et compassé d'un homme d'études dans
un milieu qui lui est étranger. Par souci de n'y point paraître
gêné, il affecte une allure d'aisance qui ne lui est naturelle
qu'avec Philippe. Myope, jaquette, nœud tout fait.

LACOCHE, maître d'hôtel, veston d'alpaga noir, serviteur correct avec rondeur militaire d'ancienne ordonnance.

BELLE, COMTESSE DE CHAMPDIEU, l'âge de son mari, grand

charme de franchise et de naïveté qui bannit l'envie de trouver à ses discours aucune prétention. Américaine, élevée comme un homme, ignorant cette crainte de la Française affinée de paraître faire étal de ses connaissances, elle n'en est pas moins très femme avec quelque chose de plus impulsif et spontané que chez nous.

LA MARQUISE DE SAINT-VENANT, mère de Philippe, aspect général de douairière encore jeune, habituée à l'autorité, parfaitement femme du monde, malgré que sa voix incisive et son geste bref révèlent une volonté peu habituée à la résistance. Sous cette sécheresse, on devine un être de passion contenue. Simplicité très grande de coiffure et de toilette, robe noire rappelant la coupe « tailleur », bandeaux rayés de fils gris, face-à-main à manche court.

NICOLE DE ROSTANVEL, très jeune d'aspect, étourdie enfant, avec une jolie gravité parfois. Robes claires.

LA SŒUR SAINT-EUSTOCHIE, bonne personne, accent méridional, vêtue du mérinos noir de la religieuse laïcisée. Chapeau de crêpe sur des cheveux encore mal repoussés.

AGATHE LAGIMEL, 13 ans
EUGÉNIE BOULEAU, 14 ans
1re PETITE FILLE,   —
2e PETITE FILLE,   —

Élèves de la sœur Saint-Eustochie.

Un matelot du yacht de Douglas Hickory.

ACTE PREMIER

Au château de Champdieu. Un grand salon à boiseries blanches orné de portraits de famille anciens et meublé sans recherche de goût. Des fauteuils 1830 et un pouf second Empire, à côté de bergères et de bonheurs du jour Louis XV et Louis XVI. Table ronde couverte d'un cachemire de l'Inde et portant des livres et des tricots commencés. La scène n'a que deux côtés. Le mur de droite, qui est le plus long, est percé de deux portes : l'une, la plus rapprochée du spectateur, accédant à la chambre de la Marquise; l'autre symétrique au hall. Cheminée au milieu. A gauche, deux fenêtres ouvrant sur une terrasse extérieure dont on aperçoit les vases de style qui surmontent la balustrade. Au delà, futaies d'un parc enfermant une vaste pelouse.

SCÈNE PREMIÈRE

Le Maître d'hôtel introduit la sœur Sainte-Eustochie, costume laïque, de grand deuil, accompagnant les jeunes personnes de l'ouvroir, au nombre d'une dizaine et de tout âge. Chapeaux neufs sur cheveux bien tirés. Elles se forment en carré au centre de la pièce, très intimidées, tandis que la sœur près de la porte parle au maître d'hôtel. La sœur et les enfants ont l'accent provençal.

LE MAITRE D'HOTEL

Si ma sœur Sainte-Eustochie veut bien patienter un petit peu, madame la Marquise va venir. Elle m'a chargé de demander à ma sœur de l'excuser un moment. Nous attendons du monde de Paris, le frère de madame la Comtesse.

LA SŒUR

L'Américain ?

LE MAITRE D'HOTEL

Oui, monsieur Douglas. Il vient en automobile, avec un ami. Du moins on m'a dit : deux couverts.

LA SŒUR

Merci bien, monsieur Lacoche. Ça fera ainsi deux personnes de plus pour souhaiter la fête à madame la Marquise. Nous aussi, nous attendons quelqu'un : la mère supérieure, qui a pris par la route avec les Enfants de Marie, tandis que nous passions par le parc. Vous lui direz que nous sommes là, hein ! si vous la voyez avant nous. (*A une petite fille.*) Agathe Lagimel, mettez votre chapeau droit et ne bayez pas aux corneilles. Vous avez l'air d'une socialiste, mon enfant. (*Au Maître d'hôtel.*) Madame Lacoche va bien ?

LE MAITRE D'HOTEL

Ma sœur est trop bonne. Elle va tout doucement, queussi-queumi. On se fait vieux.

LA SŒUR

Madame la Marquise n'est pas bien exigeante...

LE MAITRE D'HOTEL

Exigeante, non, pour sûr. On n'est pas malheureux. Maintenant il faut marcher droit. Ah ! dame !...

tout le monde. Et monsieur le Comte comme les autres, quoiqu'il soye son fils. Plus elle aime le monde, plus il faut qu'on marche. Et elle l'aime son fils, vous parlez !... ma sœur parle !...

LA SŒUR

Ah ! c'est une mère admirable. (*Aux enfants qui s'agitent.*) Qu'est-ce que je vois ? Les petites sur le pouf, toutes ! Plus vite que ça. Elles sont fatiguées. Et les grandes, au lieu de donner l'exemple, semblent prendre véritablement à tâche de les dissiper. C'est pour vous que je dis cela, mademoiselle Lagimel. (*Au Maître d'hôtel.*) Madame la comtesse Philippe est au château ?

LE MAITRE D'HOTEL

Ma sœur ne l'a pas rencontrée? C'est bien étonnant. Elle est justement dans le parc avec M. le Marquis et Mme de Rostanvel qui sont venus pour la journée. Mais elle les ramènera tous pour le goûter. Et puis son frère qui arrive d'Amérique... pensez si elle est impatiente de le voir !... En voilà une qui est gentille quoiqu'elle ne soye pas d'ici et qu'elle n'ait pas l'air heureuse tous les jours !... Et douce pour les domestiques! Ah! c'est dommage... car pour la bonté, bien sûr, madame la Comtesse et le pain, c'est kif-kif.

UNE PETITE, d'une voix aiguë.

Kif-kif !

LE MAITRE D'HOTEL, confus.

Pardon, ma sœur... Un vieux chass' d'Af'... Ma sœur m'excusera... Auguste attend pour les ordres.

LA SŒUR

Au revoir, monsieur Lacoche. (*Marchant sur le groupe des enfants.*) Laquelle de vous a poussé ce cri ridicule ? (*Silence.*) Qu'elle se déclare !

(La figure d'une des petites filles de six ans se contracte progressivement, elle va pleurer...)

C'est toi, Flore, petite possédée ! Veux-tu ne pas pleurer ! Là... c'est fini. Agathe Lagimel, mettez-la donc sur le pouf !

AGATHE LAGIMEL, hissant la petite sur le meuble.

Hop! Allons. Pleurez pas, trésor. Ferme ça, graine de tourte. (*Elle l'assoit.*) La voilà !... Ti, ti, ti. (*Tirant les jupes de l'enfant.*) Montre pas tes jambes, petite effrontée. Hou !

LA SŒUR

Tâchez donc, Mesdemoiselles, quand vous êtes dans un salon, d'unir à la fois cette aisance et cette réserve qui sont le fond de la vraie distinction chrétienne.

AGATHE LAGIMEL, à part.

Euh !...

LA SŒUR

Regardez autour de vous, plutôt. Voilà des tableaux qui vous fourniront une distraction utile. De quoi rafraîchir vos souvenirs d'histoire. Tenez, voici le maréchal de Champdieu, un grand-père de M. le comte Philippe, tué à Crevelt. — Eugénie Bouleau, quelle date ?

EUGÉNIE BOULEAU

Heu... heu... Oh ! pardon, ma sœur, je sais, je l'ai sur le bout de la langue, le maréchal de Champdieu, crevé... non, ce n'est pas ça, tué à Crevelt... heu... heu...

LA SŒUR

Bien nulle, Mademoiselle. Voyons. Sous Louis XV. Avènement, quelle date ?

1re PETITE FILLE

1715. Et la dame avec une fleur sur les estomacs, c'est-il de l'histoire de France aussi, ma sœur ?

(Les grandes se poussent du coude)

LA SŒUR

Cette personne est la duchesse de Mailly, que Louis XV aimait à prendre pour conseillère.

2e PETITE FILLE

Même que ça devait être fatigant, puisqu'elle avait ses deux sœurs pour l'aider !

AGATHE, à part, lui bourrant les côtes.

Tais-toi, grande sale !

2ᵉ PETITE FILLE

Qu'est-ce que j'ai dit?

LA SŒUR, rompant les chiens.

Sur cette console, voici la coupe du concours d'irrigation des Alpes-Maritimes remportée par feu le père de M. le comte. Ce fut un agriculteur émérite. Son fils a plutôt des goûts studieux. Son beau-père, le Marquis, l'a élevé en savant. Quel exemple pour certaines jeunes personnes de ma connaissance!... Mon Dieu, pourvu que la mère supérieure et les Enfants de Marie n'aillent pas se mettre en retard. Pour peu qu'elles aient rencontré le bon abbé Truchet, elles ne s'en débarrasseront plus.

(Elle va vers la fenêtre ouverte sur le parc.)

2ᵉ PETITE FILLE

C'est chic ici. Ces murs tout sculptés. On dirait la stalle de M. le curé à l'église.

AGATHE, examinant les boiseries.

C'est du Louis XVI.

2ᵉ PETITE FILLE

Quoi qui est du Louis XVI?

AGATHE

Les murs, les fauteuils, tout, quoi. Chez ma sœur, c'est partout comme ça. Mais plus mignon, pas si vieux.

2ᵉ PETITE FILLE

Ah ! oui, ta sœur. Comment s'appelle-t-elle donc, maintenant ?

AGATHE

Liane de Puget-Théniers. Hein ? Ça vous a un air.

1ʳᵉ PETITE FILLE

Alors, elle est noble ? Et qu'est-ce qu'il fait, M. de Puget-Théniers ?

AGATHE

Tais-toi donc, bête. Puget-Théniers c'est pas un homme.

2ᵉ PETITE FILLE

Non, c'est un pays !

(Elles pouffent.)

SCÈNE II

LES MÊMES, NICOLE, PHILIPPE

Apparaît à mi-corps, à la fenêtre la plus éloignée du spectateur, Nicole de Rostanvel. Elle est montée sur un banc de la terrasse extérieure, elle regarde ses pieds, inquiète de son équilibre, puis allonge en riant la tête dans le salon. Tout à coup, elle aperçoit la sœur et tressaille en prenant un air confus.

LA SŒUR

Mademoiselle Nicole ! (*Se reprenant.*) Madame de Rostanvel.

NICOLE

Oh ! ma sœur, c'est vous !... Pardon !... Vous

allez me croire folle. C'est Philippe que je cherche !
Je le croyais entré par ici. (*Rajustant ses cheveux.*)
Dieu ! que c'est absurde !

LA SŒUR

Mais non, nous n'avons vu personne. Nous attendons madame la Marquise pour lui souhaiter sa fête.

NICOLE

Tiens, c'est vrai, la fête de ma tante... (*Regardant
à ses pieds avec inquiétude.*) Avec ça qu'il est vieux,
ce banc !... (*Aux enfants.*) Hein, petites poisons,
vous seriez contentes si la dame s'étalait...

> (La porte s'ouvre brusquement, et Philippe entre en
> coup de vent.)

PHILIPPE, s'arrêtant brusquement.

Ah ! pardon, ma sœur, je ne vous savais pas là.

NICOLE, éclatant de rire.

Bravo, Philippe ! Très bien, l'entrée !... Ha, ha !...
(*Joie évidente des petites filles, qui étouffent des fous
rires contagieux.*) Je viens vous dire bonjour, ma
sœur.

> (Elle saute à bas du banc extérieur et disparaît.)

LA SŒUR

Quelle enfant ! Le mariage ne l'a pas changée.

PHILIPPE

Elle a huit ans ! Moi aussi, du reste, quand elle

est là. C'était notre grand jeu des jours de sortie,
autrefois, quand nous étions tous deux à Aix, elle
au couvent, moi au collège, et que nous venions le
dimanche ici. Nous sommes tout à fait ridicules, je
sais, ma sœur. Nous quittions ma femme et mon
beau-père, qui arrivent par le parc. J'ai même chaud.

NICOLE, entrant.

Car j'entre aussi par les portes ! Je suis contente
de vous voir, ma sœur.

(Elle va à la sœur et lui tend le front, que celle-ci baise
après y avoir tracé une croix du pouce.)

LA SŒUR

Toujours la même, cette bonne Nicole.

NICOLE

Hélas ! Un genre déplorable, comme dit ma tante ;
le scandale d'Aix, comme dit mon mari...

LA SŒUR

Mais une bonne enfant...

PHILIPPE

Comme dit... — avec trop d'indulgence du reste
— la sœur Sainte-Eustochie. Mais je vais prévenir
ma mère. Ma sœur, faites asseoir ces petites en attendant. J'espère que vous n'êtes pas là depuis trop
longtemps... Je reviens...

(Il sort par la porte de la chambre de la Marquise.)

LA SŒUR

Il y a des siècles que je ne vous avais vue, Madame.

NICOLE

Je crois bien, ma sœur, j'avais encore des jupes courtes. Et c'est une mère de famille que vous contemplez, à présent. Vous ne venez jamais à Aix ? Nous sommes très bien là-bas...

LA SŒUR

Et Mademoiselle de Speracèdes habite, je crois, avé vous ?

NICOLE

Ma tante de Speracèdes ? Plutôt !

LA SŒUR

Elle voulait bien m'envoyer ses vieilles *Annales du Précieux Sang*. Nous nous sommes trouvées aussi à Lourdes, une année. C'est une sainte.

NICOLE, avec âme.

Dans toute la force du terme...

LA SŒUR

Je suis sûre que ses prières ont fait plus que tout l'Institut Pasteur pour la guérison de M. le comte Philippe. Quelle alerte, mon Dieu !...

NICOLE

C'est vrai, ma sœur, vous êtes dans le secret. Ce qu'il avait peur que sa mère et sa femme se doutent de quelque chose, sa femme surtout ! Car s'il a été mordu, c'est pour préserver sa femme. Le chien se dirigeait tout droit vers l'autre bout du parc où Belle lisait près du saut-de-loup. Il ne pouvait pas la manquer.

LA SŒUR

C'est de l'héroïsme.

NICOLE

Il a été étonnant. Son départ pour Paris sous prétexte d'ouvriers à surveiller (ma tante a chambardé l'hôtel, rue de Babylone, et ça tombait à pic) ; son séjour prolongé, là-bas, pendant qu'on le soignait. Ne croyez pas que c'était facile à organiser ! Sa mère a horreur de le voir s'éloigner, et vous savez si elle est habituée à laisser discuter ses désirs. Eh bien ! il a trouvé moyen, sous la menace d'une mort terrible, de négocier froidement, patiemment, avec une rouerie de diplomate, le congé qu'il lui fallait.

LA SŒUR

Admirable ! Et tout danger a complètement disparu...

NICOLE

Oh ! depuis six mois, absolument.

LA SŒUR

Dieu est bon !

NICOLE

Quelqu'un qui a été méritoire aussi, c'est M. de

Saint-Venant. Il adore Philippe, c'est un véritable
fils pour lui que le fils de son frère d'armes, mort si
jeune. Dieu sait les angoisses qu'il étouffait pendant
ces jours mortels où, dans son laboratoire du fond
du parc, il attendait les dépêches qu'on faisait passer
par le garde... Car Belle était là tout le temps — elle
s'intéresse à ces études de physiologie, de biologie,
un tas d'histoires qui sentent le fagot. Il fallait ruser
avec elle, aussi !... Pauvre homme ! Heureusement,
ce cauchemar est fini.

(Les petites filles donnent des signes d'agitation.)

LA SŒUR

Mesdemoiselles, que signifie ?...

NICOLE

Oh ! ma sœur, ne grondez pas. Elles sont si gen-
tilles, pauvres petites ! Est-ce qu'elles se conduisent
très mal ? Oh ! voyez comme la petite grosse là-bas
a bien lissé ses trois cheveux ! Elles ont envie de
grouiller, ça se comprend. Allons! ouste ! Trois-
cheveux, je te donne la pendule si tu m'attrapes...

LA SŒUR

Mademoiselle Nicole !... Madame... Je vous en
prie... Il vaudrait bien mieux que nous répétassions,
à mi-voix, le petit impromptu que j'ai préparé en
l'honneur de madame la Marquise.

NICOLE

Oui, bravo ! Ça sera encore mieux. Et c'est de vous, ma sœur ? Je suis sûre que c'est charmant !

LA SŒUR, modeste.

Oh ! c'est agréable seulement. Ce qu'il y a de terrible, c'est que la moitié du chœur manque ! A quoi peut bien penser la mère supérieure !... Enfin, si madame la Marquise arrive la première, je tâcherai de suppléer. Ce sera moins nourri, mais plus spontané. Commençons. Et vous, Agathe Lagimel, rappelez-vous de ne plus entonner sur l'air de « l'Agneau nous convie à ses noces », tandis que vos compagnes chantent sur celui de « Dites-nous, plages malabares » — quoique à vrai dire, ma pauvre enfant, vous chantez si faux... Enfin...

NICOLE

Une mesure pour rien. (*Faux départ, cacophonie.*) Ma sœur, ce n'est pas moi qui ai ri — elles font exprès de me faire rire... Et voilà que je rapporte maintenant...

LA SŒUR

Recommençons !

> (Les petites filles commencent d'une voix de mois de Marie villageois.)

> *Salut, madame la marquise ;*
> *En ce jour, notre frêle essaim.*

Selon la coutume requise,
Vole à la fleur de ton généreux sein.

(La sœur, qui se livre à des exercices compliqués de tierce et de contre-chant.)

... généreux sein.

Parlé.

Pas si haut ! Vous chantez comme on crie : Au feu !

La porte s'ouvre. Philippe paraît. Il s'arrête en souriant. Agathe Lagimel, qui ne l'a pas vu, continue à pleine voix.

Salut, notre seconde mère !

LA SŒUR

Agathe ! (*A Philippe.*) Pardon, monsieur le Comte, vous voyez, nous nous exercions.

PHILIPPE

Mais c'est *moi*, ma sœur, qui suis désolé de vous interrompre...

NICOLE

Tu peux ! C'est du sœur Sainte-Eustochie ! N'est-ce pas que c'est ravissant ?

LA SŒUR

Oh ! c'est agréable seulement.

PHILIPPE

Ça me paraît exquis. Je n'ai entendu que de loin... J'ai à m'excuser au nom de ma mère aussi. Elle a quelqu'un en ce moment. Il s'agit, paraît-il, d'une affaire importante. Elle vous prie de mener goûter ces demoiselles en l'attendant. Je vais vous conduire, avant de m'en aller voir si mon beau-frère arrive. Il devrait être là. Mais, avec ces automobiles, on ne sait jamais.

LA SŒUR

Ce sont de terribles engins. Pourvu que la mère supérieure et les Enfants de Marie ne l'aient point rencontrée...

NICOLE

Voilà bien toujours, ma sœur, cette imagination de feu!... Je suis sûre que vous voyez déjà tout le cortège des Enfants de Marie passé au laminoir sur la route, comme une grosse chenille écrasée... Rrran!

PHILIPPE

Ce serait un affreux malheur, mais pas vraisemblable... (*Une des petites filles se met à pleurer bruyamment. On la console en la houspillant légèrement.*) Allons, petite sotte, ce n'est rien... Faisez risette...

LA SŒUR

Elle a tant de cœur, cette enfant.

PHILIPPE

Sapristi! les Américains ont beau ne pas connaître d'obstacle... D'ailleurs, mon beau-frère a mon ami Lombre avec lui, un homme sérieux, un savant. C'est leur métier d'aller doucement, à ces gens-là.

NICOLE

Gentil, ton savant ? Quel genre ? Lunettes d'or ?

PHILIPPE

Ne l'écoutez pas, ma sœur. C'est un savant très moderne et très bien tenu. Une des lumières de l'Institut Pasteur. Je l'aime beaucoup, et Douglas a été assez gentil pour l'amener. Voilà tout. Voulez-vous venir, ma sœur ?

NICOLE

Je vous rejoins, dans une minute. Je suis vraiment trop décoiffée. (*Devant la glace de la cheminée.*) Tu sais, Philippe, la charmille a rudement besoin d'être taillée... Encore une de mes fourches en écaille partie... Êtes-vous heureuse, ma sœur, de ne pas connaître ces affaires-là !...

> (La sœur et les petites filles sortent, conduites par Philippe.)

SCÈNE III

NICOLE, puis PHILIPPE

NICOLE, continuant de rajuster ses cheveux.

Pauvre sœur, il y a encore d'autres choses qu'elle serait peut-être étonnée de connaître. Si elle croit que les branches du parc ont tout fait... Ouf ! Ce Philippe... Il a une manière de jouer du souvenir d'enfance... perfide, ma foi... Tout à l'heure, dans le jardin anglais — je ne sais pas si c'était l'odeur des magnolias (Quelle grande odeur bête ça a, les magnolias !) — mais j'ai positivement éprouvé quelque chose de... drôle pendant qu'il parlait... Nicole, ma petite, il y a vraiment des gens qui n'ont pas de principes... On n'y voit rien dans cette glace... Quel drôle d'air tu as, ma vieille, en ce moment !... Hein ? Il fait chaud ? Oui, je sais... Du reste, je ne vois pas le rapport... Allons, assez de bêtises et félicitons-nous, mon enfant, de posséder, nous du moins, un fond de sens moral. (*Philippe entre doucement et, se baissant pour ne pas être aperçu dans la glace, arrive derrière Nicole et pose sa bouche sur la nuque de la jeune femme, tandis qu'elle répète machinalement, les mains toujours occupées à sa chevelure.*)... de sens mo... ral. Oh ! Philippe, si on venait !

PHILIPPE

Ce n'est rien. J'avais cru voir une bête à bon Dieu, en rupture de magnolias, là, dans les petits cheveux.

NICOLE, criant.

Une bête ! Ote-la... dis... Je t'en prie !

PHILIPPE, l'embrassant au même endroit.

Là ! C'est fait ! Chut ! Chers petits cheveux... les mêmes qui frisaient déjà si joliment sur tes cols blancs du Sacré-Cœur.

14

NICOLE

Tu aimais plutôt à les tirer, en ce temps-là...

PHILIPPE

Chaque âge a ses plaisirs. (*Plus près d'elle.*) Te rappelles-tu le soir où nous nous sommes rencontrés, après l'arbre de Noël, dans le berlingot de M. le Supérieur ? Nous ne disions rien, M. le Supérieur dormait, tu étais à côté de lui dans le fond, moi, devant... mon cœur débordait de choses puissantes et mystérieuses, comme je n'en ressentirai jamais plus. Te souviens-tu de la vieille route, laide, monotone, si souvent parcourue ?... Mais c'était la nuit... Tout est beau dans la nuit, comme dans le désir... On ne voyait pas ta figure. Au coin du bois de Tremble, dans une minute d'audace inouïe, j'ai touché ta main...

NICOLE

Oui — je revois le dos du cocher — et devant nous, dans la buée, les croupes des vieux alezans qui dansaient lourdement... poum, poum, sous les lanternes jaunes.

PHILIPPE

C'est tout ce qu'elle se rappelle...

NICOLE

Et puis le supérieur s'est mis à ronfler.

PHILIPPE

La vieille eau-de-vie de Bon-Papa. Après ?

NICOLE

Me rappelle plus, Philippe... On a fini par arriver... J'ai peut-être ronflé aussi... Nous étions ridicules.

PHILIPPE

Ah ! Tais-toi. Ridicules ? A seize ans... Allons donc ! Songe ! Tout désirer, ne rien connaître, n'avoir rien comparé, c'est un miracle ! Je pense à ce que j'étais alors, je me rappelle la grandeur, la magnificence de mes rêves et de mes émotions de gosse, toute la passion dans toute l'innocence, presque toute l'innocence... d'un potache trop vite poussé... Ah ! Nicole, jamais femme n'est aimée deux fois ainsi dans sa vie. Reviens à moi du fond de notre enfance, nous sommes dus l'un à l'autre, vois-tu. J'ai bu dans tes yeux tout l'amour avant de le connaître ; je boirai à ta bouche la vie, l'amère et délicieuse vie dont toi seule peux m'apprendre enfin la saveur et l'enivrement !

NICOLE

Philippe, cher fou, ces deux enfants sont morts... Et les vivants, y penses-tu ?

PHILIPPE, impatiemment.

Ah ! les vivants, voilà... Ton mari, par exemple ?... (*Avec un emportement comique.*) Non, mais on dirait positivement que ça nous amuse de tromper ton mari... car nous le *trompons*, n'est-ce pas ?

NICOLE

Attends... attends...

PHILIPPE

C'est le mot reçu. On trouve ça drôle... d'un comique éminemment national... Une forme du sport, hein !

NICOLE, plus grave.

Non, ça n'est pas drôle, c'est terrible. Terrible de penser à ce que notre baiser peut déchaîner d'orages, de scandales, de larmes. Je suis lâche au fond, comme toutes les autres. Mon bonheur présent, c'est un jardin étroit et potager, d'où je rêve sans audace aux grands pays merveilleux. Mon Philippe... songe aux commandements de Dieu, aux lois des hommes, aux menaces, aux mépris assemblés contre nous !

PHILIPPE

Tout cela, pour que deux enfants, riches d'un si beau songe, n'aient pas le droit de le finir !... Peux-tu comprendre ? Toutes les morales se sont plu depuis des siècles à suspendre l'attirail des calamités, des meurtres, des châtiments, des douleurs au-dessus du pauvre geste de honte et de joie auquel l'homme est réduit à confier le tourment d'infini qui le dévore ! Car elle ne pense qu'à cela, la morale, elle n'existe que pour cela ! L'esclave peut crever sous le fouet, ou le manœuvre sous la hotte, les peuples crier pour du pain et de la justice, la morale s'en

fiche ! Qu'ils repassent ! Elle est exclusivement occupée à défendre, maudire et damner les différentes
manières de disposer de sa peau en faveur les uns
des autres !... On dirait, ma foi, qu'il y en a tant !
Et pas de protestations ! ou bien le bûcher, la corde,
le piétinement dans la boue .. Tout est bon contre
l'amour !

NICOLE

Oh !· si ma tante de Speracèdes t'entendait, elle en
aurait les sangs tournés.

PHILIPPE

Je te défends de rire, toi ! (*Tendrement.*) Ne ris
pas. Tu me comprends... Je le sais, puisque je
t'aime. Je sais que ce ne sont pas les lapidations qui
t'épouvantent, mais, parce que tu es bonne, la pensée
de faire souffrir d'autres êtres, encore victimes d'illusions moroses — le devoir, la fidélité. Mais alors, que
faire, ma Nicole, puisque rien de tout cela ne peut
m'empêcher de t'aimer comme je t'aime, et que je
tremble... — sens ma main — je tremble du désir
de toi ?

NICOLE, écartant doucement sa main.

Que faire ? Mais rester tranquille, honnête, pot-au-
feu — le petit courage ; ou bien, si l'on est personne
de tempérament, le sacrifice... ce vieux sacrifice...
Je ne te dis pas ce que je choisis.

PHILIPPE

Tu fais bien. Je me demande ce que je te pardonnerais le moins. Elle a dit : le sacrifice ! A quoi, mon Dieu ? Pour qui ? Réfléchis un moment ! Pour que deux êtres, possesseurs de droits, fictifs ou non, sur nous — ma femme, ton mari — puissent conserver l'illusion chacun de notre amour unique ! Je dis : illusion ! Car nous leur taisons la tentation subie, entation dont l'éclair a ruiné à leur insu, mais pour toujours, le bonheur dont ils se croyaient seuls maîtres — et se taire ainsi, ça s'appelle mentir. Et puis, qu'est-ce que l'étreinte d'où le désir mutuel est absent ? Une vile comédie ! Prendre ou se livrer par *devoir* ne vaut pas mieux que par *cupidité*. C'est toujours une prostitution.

NICOLE

Oh ! ce mot ! (*Montrant la porte.*) Et la sœur...

PHILIPPE

Zut pour la sœur ! Ainsi nous mentirons autant pour ne pas nous aimer que si nous nous aimons ! Choisis donc !

NICOLE, avec une moue.

Mentir...

PHILIPPE, avec câlinerie.

Oui, mentir... Je sais bien... Mais en somme, au fond... avoue... Qu'est-ce que ça peut coûter à une femme de mentir ? Et c'est si naturel, chers êtres toujours victimés et qui n'ont que les armes des faibles !... Pour nous, il y a une différence.

NICOLE

Comment donc !

PHILIPPE

C'est la rançon de notre bonheur, la vilaine monnaie au cours forcé dont nous payons l'ivresse de la vie. Au moins, nous en souffrons.

NICOLE

Eh bien ! moi, qui suis une femme, un être faible et victimé, mentir, ça me dégoûte...

PHILIPPE

Tu ne m'aimes pas assez. Quand je t'aurai appris à m'aimer comme tu m'aimeras, ton dégoût même te sera doux !

NICOLE

Je ne veux pas t'aimer...

PHILIPPE

Dis-le encore...

NICOLE

Non, non, il m'est horrible d'agir ainsi vis-à-vis de mon bon garçon de mari, de ta femme, si gentille, si seule, si loin des siens...

PHILIPPE

Mais, moi aussi, je les aime, moi aussi je ne veux pas qu'ils soient malheureux. Nous les tromperons, tendrement, pieusement — non, je ne ris pas — ce sont les mots qui grimacent, les vieux mots indociles...

NICOLE

Il y a quelque chose de bas à duper de la sorte.

PHILIPPE

Non. Ceux qui parlent ainsi n'ont jamais connu la grandeur du désir. La puissance de désirer, voilà l'exacte mesure du droit de vivre. Un désir assez fort peut bouleverser le monde, faire éclater les lois, devenir une loi ! Ah ! sens comme il est doux et terrible de s'abandonner à la grande fatalité qui nous veut, nous réclame, nous roule déjà, bien-aimée. Ce n'est pas moi, c'est elle qui te prend dans mes bras et t'emporte, chère petite délicieuse proie !...

NICOLE

Ah ! Philippe, Philippe, ça n'est pas bien de jouer de la musique comme ça à une pauvre petite femme qui... (*Regardant par hasard du côté de la fenêtre du parc.*) Oh ! les voilà !

PHILIPPE

Le diable les emporte ! Nous avons le temps de filer par le hall.

NICOLE

Oui, c'est drôle, je n'ai pas envie de les voir. Pourquoi ?

PHILIPPE

Pourquoi ?

(Il la prend dans ses bras, l'embrasse sur les lèvres et l'entraîne par la porte du hall.)

Voilà !

> (La scène reste vide un instant. Puis entrent Saint-
> Venant et Belle.)

SCÈNE IV

SAINT-VENANT, BELLE

SAINT-VENANT

Tiens ! personne !

BELLE, regardant la pendule.

L'heure du goûter, pourtant ! Ma belle-mère devrait
être là. Cela rentre dans le cycle sacré des usages
de Champdieu.

SAINT-VENANT

Je pense qu'elle reçoit quelqu'un, le régisseur où
les fermiers qui partent. J'ai vaguement distingué
du monde derrière les carreaux de la bibliothèque.
Pas fatiguée, petite Belle ?

BELLE

Pas du tout, merci, mon père (*Se reprenant*), merci,
mon ami. Et toujours pas d'automobile en vue ?

SAINT-VENANT

C'est vrai, votre frère. Sonnons. (*Il sonne.*) Vous
êtes contente de revoir votre frère, Belle ? Nous
allons tous, je crains, être fort négligés ici... (*Entre
le Maître d'hôtel.*) M. Hickory n'est pas arrivé ?

LE MAITRE D'HOTEL

Non, monsieur le Marquis.

SAINT-VENANT

Venez nous prévenir aussitôt, n'est-ce pas ?

Le maître d'hôtel sort.

BELLE

Le cher garçon ! Il n'a pas traversé l'Atlantique depuis mon mariage, savez-vous ! Je crois qu'il est heureux, lui, content de la vie... Ah ! tant mieux ! C'est déjà bon de se réchauffer au bonheur de ceux qu'on aime. Il est si gentil !... Un type d'Américain de la bonne sorte. Il ne met pas ses pieds sur les cheminées. Vous serez stupéfaits. Et il y a longtemps que je veux qu'il vous connaisse aussi, vous... comme Français bien.

SAINT-VENANT

Un pauvre gentilhomme de province !

BELLE

Est-ce qu'il y a des gentilshommes de Paris ?

SAINT-VENANT, sans ironie.

Non, au fait, mais que de talents !

BELLE

Eh bien ! — sans exclure les talents — je voudrais lui prouver qu'il reste encore dans ce pays quelques exemplaires, parmi les plus parfaits, de ce qu'une

race peut donner au bout de quelques siècles, comme
résultat, comme affinement... comment dire cela ?
Comme grâce naturelle, dans la manière de sentir,
d'exprimer, de faire... comme style, n'est-ce pas ?

SAINT-VENANT

Et cela intéresse monsieur votre frère, ces choses-
là ? Instinct de collectionneur, sans doute. Qu'il se
méfie du toc !

BELLE

Du toc ! Quand je pense à vous !

SAINT-VENANT

Oh ! moi.,. je compte au rayon des soldes... Vieux
papillons piqués sur des bouchons pour psychologues
d'Amérique. Eh ! Eh ! c'est une fin !

BELLE

Je vous ai froissé ?

SAINT-VENANT

Vous, chère petite enfant grave ?... Chacune de
vos pensées me rafraîchit le cœur, comme un vent
pur qui a passé sur la mer. J'écoute... parlez toujours.

BELLE

Vous êtes bon — et méchant aussi parfois... vous
riez trop ! c'est français cela. Pourtant il n'y a qu'à
vous que j'ose parler sur le ton des conversations
que nous tenions quotidiennement à l'Université.

Ces bons jours de Harvard ! Ici, je vois très bien qu'on trouve ça grotesque pour une femme d'avoir été à l'Université ! Oh ! pas vous... Alors, j'aime à vous raconter ce que je pense. Tenez ! Supposez un de ces hommes dont nous parlions tout à l'heure, — n'importe lequel, — capable d'imaginer un devoir... un *devoir !* bien à lui, qui ne soit pas une routine, ni une lâcheté... cet homme serait digne de tout... d'être servi, d'être aimé... si seulement il avait aussi la force, la bravoure de le suivre, ce devoir !...

SAINT-VENANT

Croyez-moi, Be'le, il est d'autres courages.

BELLE

Vous voulez dire que par instinct de mesure, de discrétion, par horreur de tout ce qui ressemble à du cabotinage, il préférerait le silence et l'immobilité ?

SAINT-VENANT

Il n'y a là rien d'impossible.

BELLE, avec feu.

Oui, tous, les meilleurs et les pires, ils considèrent au fond l'enthousiasme, le courage de vivre ses idées, de rêver ses rêves, d'aimer ses amours, comme des rastaquouérismes ! Ils mourront ; on les ensevelira avec leurs fantômes d'idées, leurs fantômes de rêves et leurs fantômes d'amours jamais vécus. Et nous, les barbares, nous festoierons sur leurs tombes !... Ah ! vous n'êtes pas de ces hommes-là, dites-le-moi !...

SAINT-VENANT

Que vous importe, en vérité, jeune sibylle, dont l'éloquence est âpre, salubre et douce à la fois ? Que vous importe ? Laissez ceux qui sont las prendre leur repos, puisque leur soir est venu. Oui, je l'avoue, mon cœur penche vers ceux des nôtres, si rares, qui, dédaignant l'argent d'une dot, le pain du parasite ou l'abêtissement provincial, se résignent à mourir dans le harnois de convictions, de préjugés qu'ils tiennent de leurs pères. Et cependant je mentirais si j'affirmais que cette résignation me satisfait.

BELLE, avec un rire très jeune.

Je savais bien. Il faut aimer demain, il faut servir demain... Ah ! quel mot vous dire pour vous convaincre ?

SAINT-VENANT

Quel mot ?... Elle demande quel mot !...

BELLE

Oui, parce qu'avant toutes choses vous êtes quelqu'un en qui je crois, en qui je ne veux pas être démentie. Au moins, qu'il me reste cela !... Et je sentirais pareillement, même si vous n'aviez pas été pour moi ce que vous êtes ici, mon ami, *tout* ce que vous êtes ici, sous ce toit, où ma présence n'était point souhaitée.

SAINT-VENANT, *ému.*

Chère petite... Ah ! si vous saviez... (*Se calmant.*) Mais qui donc pourrait ne pas vous aimer ici ? Quelles folles idées !

BELLE

J'ai peur de vous choquer. Je me fais toujours l'effet d'une petite sauvage avec vous.

SAINT-VENANT

Mon enfant, parlez-moi. J'ai deviné beaucoup de choses, j'en tairai davantage. Ce qui importe, c'est de ne pas vous sentir souffrante, meurtrie, si près... et si loin de moi.

BELLE

C'est bien pour cela ! J'aurais horreur de paraître accuser qui que ce soit... L'affection extraordinaire de Mme de Saint-Venant pour Philippe...

SAINT-VENANT

C'est son fils. Elle avait tendrement aimé son premier mari, le père de Philippe...

BELLE

De ce Philippe que vous avez élevé avec un si admirable dévouement...

SAINT-VENANT

Je l'aime, moi aussi, comme mon fils.

BELLE

Mais chez elle, l'amour maternel est une passion
despotique, jalouse, presque effrayante, qui fait
d'un fils unique le centre de l'univers, un bien pro-
tégé, défendu, couvé, dont on ne cède à la vie que
le moins possible, avec rancune, avec un besoin
obscur de se venger sur les innocents qui ont volé
une part de cet être monstrueusement adoré... J'ai
parfois l'horrible tentation de croire que ma belle-
mère m'a choisie, volontairement, étrangère, pauvre,
sans personnalité, comme j'étais d'abord dans la
fascination qu'exerçait sur moi Philippe avant notre
mariage. Ainsi elle jugeait que je tiendrais le moins
de place possible dans cette vie et dans ce cœur.

SAINT-VENANT

Belle, tout cela est un peu fou. A ce compte,
pourquoi ma femme aurait-elle marié son fils ?
N'était-ce point le remettre de parti pris en d'autres
mains, le perdre volontairement ?

BELLE

C'était moins le perdre peut-être que lui laisser
toute sa liberté. Une femme, cela le fixait, l'entra-
vait au moins. Pour peu qu'elle fût docile, elle deve-
nait pour la mère une sorte de garantie, un second
lien, doublant l'autre.

SAINT-VENANT

Oh ! Belle...

BELLE

Pardon, mon ami. Je suis, dans mon imagination, des fantômes qui nous ressemblent, voilà tout. Je ne veux pas dire que tout cela soit vrai... j'ai peur seulement. Voyez, je ris... Vous êtes si bon de m'écouter. Je n'ai que vous ! Philippe, je n'ose rien lui dire, il ne comprendrait pas.

SAINT-VENANT, avec hésitation et angoisse.

Cependant, Philippe... vous aime ?

BELLE

Oui, je crois. Il m'a aimée surtout au commencement, comme il aime toute chose nouvelle... Il est bon, certes, il ne me voudrait pas malheureuse par sa faute. Mais il n'est pas tout là, comme on dit chez nous... surtout depuis ce retour de Paris... Peut-être... oui... s'il m'aimait.

SAINT-VENANT

Ah ! on sent combien vous tenez à lui. On sent cela tout de suite. Qu'il le sente lui-même et il sera vôtre. Comment ne pourrait-on pas être à vous ! L'homme auquel une voix comme la vôtre dirait : « Je t'aime », ne doit désirer nulle autre chose et se sentir fort pour agir, pour espérer, pour croire, non moins que pour aimer... Vous demandez quel mot il fallait dire : le voilà...

BELLE

Mon ami...

(Dans le silence gêné qui suit, on entend le chœur des
petites filles qui chantent sur la terrasse antérieure.)

Salut, madame la marquise ;
En ce jour, notre frêle essaim,
Selon la coutume requise,
Vole à la fleur de ton généreux sein !

LA SŒUR

... généreux sein !

BELLE

Qu'est-ce que c'est ?

SAINT-VENANT, allant à la fenêtre,

Les petites filles du couvent. A propos de la fête
de ma femme. La voici qui vient au-devant d'elles
par la bibliothèque. Elle a l'air préoccupé... Ma petite
Belle, il faut que j'y aille.

BELLE, gaiement.

Moi aussi, je présume. C'est la consigne : faire acte
de présence. (*Tendant l'oreille.*) Cela me rappelle
des chœurs nègres en Floride...

SAINT-VENANT

Pauvre sœur Sainte-Eustochie, voilà deux mois
qu'elle prépare ça !

BELLE

On doit vous attendre. Je vais venir, peut-être.

SAINT-VENANT, lui prenant brusquement les mains.

Nous sommes amis ? Encore ?

BELLE

Nous sommes amis. Toujours.

SCÈNE V

BELLE, NICOLE, puis PHILIPPE

(Belle, restée seule, gagne à pas lents le piano devant lequel elle s'assoit machinalement. Elle se trouve dissimulée à moitié par une partition ouverte et un grand phénix placé à côté de l'instrument. Elle chante, en s'accompagnant, le refrain de la romance de Fauré et de Gautier.)

Que mon sort est amer !
Ah ! sans amour s'en aller sur la mer !

(Entre Nicole de Rostanvel. Belle s'arrête.)

NICOLE

Là ! Elle s'arrête juste quand j'arrive !... Moi qui aime cet air-là... Voyons, soyez gentille, Belle...

BELLE

C'est un plaisir de vous voir à Champdieu, ma petite Nicole... Vous avez l'air si gai, vous êtes si jeune... c'est un mérite ici.

NICOLE

Vous voulez dire que ma tante... Oh ! je crois qu'elle m'accepte comme nièce terrible. Elle a pris son parti. Moi, j'aime ce vieux Champdieu. J'ai grandi là, vous savez. Nous y jouions ensemble avec Philippe. Ne trouvez-vous pas qu'il est jeune, lui aussi ?

BELLE

Oui.

NICOLE

Il a si peu changé !

BELLE

Vraiment ?

NICOLE

Il est charmant. Vous devriez l'aimer beaucoup, Belle. Ça lui ferait le plus grand bien.

BELLE

Drôle de petite cousine ! Vous croyez donc que je ne l'aime pas ? Mais je serais morte, oui morte, s'il n'avait pas voulu de moi. Et vous pensez donc qu'il a besoin d'être aimé !...

NICOLE, étourdiment.

Du moins, c'est ce qu'il... Je ne sais plus ce que je raconte, ni de quoi je me mêle, vraiment. Il ne faut pas m'en vouloir, je suis un peu abrutie... Les magnolias du parc m'ont donné la migraine. Mais c'est parce que je vous trouve si charmante aussi, Belle, et que je me sens une vraie tendresse pour vous. Il y a des jours (nous n'avons guère eu le temps de causer depuis mon arrivée), des jours où vous n'avez pas la figure que je voudrais vous voir... Alors, dame... Comme si on arrangeait les choses en parlant à tort et à travers... Mais j'ai de bonnes intentions... Savez-vous ce que vous devriez faire ? M'aimer un peu, vous aussi. J'en ai besoin... c'est étonnant ce que j'en ai besoin, en ce moment... Sais pas pourquoi... Mais ça serait gentil, gentil...

BELLE

Chère petite amie ! Vous me faites plus de bien que je ne peux dire et je vous aime de tout mon cœur.

NICOLE, l'embrassant.

Merci mille fois ! (*Elle tressaille.*) Oh ! je crois que j'entends une auto.

(Elle se lève et court vers la porte du hall. Belle reste assise, prêtant l'oreille. Au moment où Nicole va sortir, la porte s'ouvre brusquement et Philippe, qui entre, la reçoit dans ses bras. Il l'y garde un instant et lui met un baiser sur les lèvres.)

PHILIPPE

Ah ! ça, c'est délicieux !

NICOLE, criant.

Ah ! Laisse-moi. Brute ! Fou... Brute !

(Il recule, un peu surpris de sa violence, et jette un regard rapide autour de la pièce, mais sans apercevoir Belle immobile.)

NICOLE

L'auto ! J'entends l'auto ! (*Désignant la fenêtre.*) Et
Paul qui me cherche...

PHILIPPE

Mais, oui, l'auto ! Je venais l'annoncer. Ils seront
ici dans dix minutes à cause du chemin en répara-
tion ! Vive l'auto ! C'était exquis !

NICOLE, faisant des signes à travers la fenêtre ouverte.

Hé ! Paul ! (*A Philippe qui veut entrer dans le salon
pour aller chez sa mère.*) Allons !... Allons ! Non, il
n'y a personne chez ta mère. Elle est sur la terrasse !
Va donc ! Oh ! brute !

(Elle le pousse dehors.)

SCÈNE VI

BELLE, AGATHE, LAGIMEL, puis LA SŒUR

(Belle reste immobile, l'œil fixé sur la porte refermée. Puis
mécaniquement, un coude posé sur le piano, elle tape sur les
touches avec un doigt de l'autre main, ébauchant l'air du refrain
de Fauré. Tout à coup, se ressaisissant, elle se dresse d'un bond,
renversant la chaise qui est derrière elle, les mains aux tempes,
au moment où la porte du hall s'ouvre lentement et livre passage à la petite Agathe Lagimel hésitante et qui sursaute en
apercevant Belle dans son attitude tragique.)

AGATHE

Pardon, mame la Comtesse, je cherche le compliment.

BELLE, sans comprendre.

Le compliment ! Tiens...

AGATHE

L'est resté sur la grande table.

BELLE, même jeu.

La grande table... le compliment..

AGATHE, embarrassée.

La chère sœur m'envoie le chercher. Faut l'lire à mame la Marquise.

BELLE, la prenant brusquement par le bras.

Quel âge, avez-vous, petite fille ?

AGATHE

Quatorze ans, mame la Comtesse. J'ai renouvelé ma première communion l'an dernier.

BELLE

Pauvre petite, ce sera une femme pourtant !... Qu'est-ce que tu feras ? Qu'est-ce que tu veux être plus tard ?

AGATHE

J' sais pas, mame la Comtesse.

BELLE

Tu te marieras ?

AGATHE

C'est pas sûr !

BELLE

Mais oui, tu te marieras avec un beau mari pour toi toute seule. Ah ! ah !

AGATHE

Ma sœur me prendra peut-être avec elle.

BELLE

Eh bien ! Elle est mariée, ta sœur ?

AGATHE

Que non... L'est dans les modes à Paris, 43, rue de Miromesnil.

BELLE

Ah ! oui, Jeanne, qui est partie l'année dernière.

AGATHE

Oui, mame la Comtesse. C'est joli chez elle. Mame la Comtesse le sait bien.

BELLE

Moi, je le sais ?

AGATHE

Sûr que M. le comte Philippe y a dit.

BELLE

Non.

AGATHE

Il va la voir. Oh ! il est gentil pour elle. Elle ne l'a pas conté, mais je le sais par la bonne... la fille du vieux Cazeau, du Plan.

BELLE

Bien. Bien. Prends ton compliment, petite, prends vite. (*On entend distinctement le bruit d'une automobile qui s'arrête.*) Oh! l'auto! mon frère! Douglas, mon frère! Enfin!

(Elle s'élance au dehors.)

AGATHE

Oh! ce qu'elle est drôle! Avec ses yeux qui brillent, elle me fait peur. Où qu'il est, ce failli compliment?

(Elle cherche. Entre la sœur.)

LA SŒUR

Eh bien! petite malheureuse, l'avez-vous trouvé? Ah! bon, le voilà, à côté du Livre d'Or des Salons, vous ne voyez pas? Du reste, ce n'est pas pour tout de suite! Voilà le frère de madame la Comtesse qui arrive en automobile avec la mère supérieure et les Enfants de Marie. Ça en fait un carnaval! Ils viennent tous par ici. On pourra peut-être glisser le compliment tout à l'heure... Ce que vous avez chanté faux!... J'en transpire encore.

(Elle s'éponge. Brouhaha au dehors. Entre la Marquise, avec Lombre, Douglas Hickory dont Belle tient le bras, suivis de Saint-Venant et de Philippe.)

SCÈNE VII

LA SŒUR, AGATHE, LA MARQUISE, LOMBRE, DOUGLAS,
BELLE, SAINT-VENANT, PHILIPPE

LA MARQUISE, allant vers la sœur.

Ma bonne sœur Sainte-Eustochie, la mère supérieure vous demande. Elle est un peu défaite par sa
course en automobile. Je l'ai fait entrer directement
dans ma chambre, où vous trouverez tout ce qu'il
faut. Hermine vous aidera. Les petites sont restées
dehors. Ç'a été à ravir, leur cantate. (*Présentant.*)
Monsieur Douglas Hickory.

LA SŒUR

Monsieur... bien honorée.

(Hickory la salue avec la gaucherie d'un homme qui
a rarement parlé à une religieuse.)

LA MARQUISE, à la sœur.

Je suis à vous tout à l'heure. Faites dire aux Enfants
de Marie de goûter. Ma nièce Rostanvel est là, du
reste, et s'en chargera. On a servi du sirop sous les
marronniers.

(La sœur parle bas à la petite Lagimel qui sort par la
porte du hall, tandis que la sœur entre chez la marquise.)

LA MARQUISE, à Douglas.

Je suis tout à fait aise de vous voir, cher monsieur
Hickory. Vous allez nous rester un peu, j'espère ?

DOUGLAS

Aussi longtemps, Marquise, qu'un homme très occupé ose donner à ses plaisirs.

SAINT-VENANT

Songez que c'est votre première visite à Champdieu.

BELLE

Cher garçon, je suis si contente !

(Ils se regardent tendrement.)

LA MARQUISE, à Lombre.

Philippe m'a beaucoup parlé de vous ces temps-ci, Monsieur.

PHILIPPE

Certes, et c'est très méritoire de s'arracher à ses bouillons de culture pour des provinciaux comme nous.

LOMBRE, avec une nuance de raideur.

Ma vie ne me permet pas beaucoup de distractions, mais votre fils est si intelligent, Madame... C'est comme une force nouvelle à étudier dans un domaine nouveau. Car je ne suis qu'un travailleur et ne connais guère le monde. Vous êtes trop bons de m'accueillir ainsi.

PHILIPPE

Oh ! votre arrivée, Douglas, c'est inoubliable. Je voyais depuis un moment, avec stupeur, filer au ras du mur du potager votre casquette de fourrure et le

crêpe que la supérieure porte en signe des deuils de
l'Église. Et la frousse des Enfants de Marie !...

LA MARQUISE, froidement.

Oui, c'était fort original.

DOUGLAS

Ma foi, je leur avais demandé le chemin. Elles
me répondent : « Champdieu ? Nous y allons. » Un
instant après, je leur offrais du quatre-vingts à
l'heure. (*A Belle qui lui prend les bras.*) J'ai des
bleus plein le bras, prends garde, Belle. La bonne
supérieure se cramponnait. Elle m'a fait ça à travers
ma peau de bique ! (*Il rit.*) Ah ! Ah ! (*Regardant
autour de lui.*) Comme c'est beau ici !

LOMBRE

Très beau, très impressionnant, n'est-ce pas ?

SAINT-VENANT, souriant.

Une vieille maison !

DOUGLAS

Cet air installé, vénérable...

SAINT-VENANT

Je vous croyais un peu collectionneur. Entre nous,
ce mobilier n'a guère de style.

PHILIPPE

Parfaitement. Ce pouf est infâme. Oui, maman.

Chez les Juifs, qui sont des gens vraiment chic, tout est pur, « de l'époque », comme ils disent.

LOMBRE

Ici, chaque époque l'une après l'autre a laissé des souvenirs. Une race s'est continuée parmi ces choses. Voilà leur unité, leur éloquence. Ailleurs, c'est un bric à brac.

PHILIPPE, montrant le pouf.

Oui, toutes les époques, même le second Empire, et c'est de trop. Dire pourtant que nous le boudâmes !

DOUGLAS

Je n'ai fait qu'entrevoir le parc. Ça paraît merveilleusement tenu.

PHILIPPE

Dame ! maman gouverne ça !

DOUGLAS

Oh ! je sais. Belle m'a dit souvent, Marquise, quelle femme d'organisation vous êtes.

LA MARQUISE

Vous savez que vous avez quinze télégrammes là-haut et après un voyage en automobile on doit éprouver le besoin de se remettre un peu.

PHILIPPE

A en juger par l'état des ondulations de la supérieure...

LA MARQUISE, regardant vers sa chambre.

Il faut que j'y aille. Excusez-moi, Messieurs.
(*A Hickory.*) Belle va vous montrer votre chambre.
Toi, Philippe, je te charge de M. Lombre. A tout à
l'heure.

(Elle sort.)

PHILIPPE, à Lombre.

Venez-vous, grand savant ? Ma femme et Douglas
ont des tas de choses à se dire. Nous aussi, hein ?

(Il l'entraîne.)

DOUGLAS, à Saint-Venant, regardant Belle.

Cher monsieur de Saint-Venant, ne trouvez-vous
pas cette enfant un peu pâle ?

BELLE

Non, ce n'est rien, je t'assure, cher vieux garçon.
Ne t'inquiète pas de moi. Je veux que rien n'at-
triste notre réunion. La chaleur de ces derniers
jours m'a un peu fatiguée, voilà tout. (*Apercevant
Saint-Venant, qui la regarde avec une expression
d'adoration et de crainte.*) Ah ! non ! ne partez pas !
Quelle chance, Douglas ! Voilà mon meilleur ami,
— avec toi. (*A Saint-Venant.*) N'est-ce pas qu'il est
bien, mon frère ?

DOUGLAS

Voyons, Belle.

BELLE, à Douglas.

Et mon beau-père n'est pas mal ?

SAINT-VENANT

Oh !

BELLE

Pardon, chers hommes graves, entre lesquels je me sens petite, gâtée, gardée. J'en ai si besoin ! Quelles sont les nouvelles qu'il m'apporte, ce frère d'Amérique ?

SAINT-VENANT

De bonnes nouvelles ? J'en serais si heureux.

DOUGLAS

Oui, j'ai une nouvelle, Belle. Nous sommes riches !

BELLE

Riches !

SAINT-VENANT

Je vous félicite de tout mon cœur.

DOUGLAS

J'ai eu la chance de trouver et je viens de vendre un procédé pour traiter le palladium, trop cher jusqu'à ce moment-là. Un hasard...

SAINT-VENANT

Le palladium ? Un corps des plus curieux. Quel bel article de Jevons dans votre revue *Science* du mois dernier...

DOUGLAS

Comment, vous vous occupez de chimie !

SAINT-VENANT

En amateur.

BELLE

Pas du tout en amateur. Vous verrez son laboratoire.

DOUGLAS

Belle m'avait parlé, en effet...

SAINT-VENANT

Oui, dans le parc. Un pavillon de chasse désaffecté... J'ai commencé par quelques petites expériences à propos d'agriculture... Je n'ai rien à montrer... Mais c'est votre pays qui m'attire ! L'audace de votre conception, de votre invention, l'échelle de vos entreprises...

BELLE

Ah ! voilà des hommes qui s'entendent. Le contraire m'aurait fait tant de peine.

DOUGLAS

Oui, je crois que nous nous entendrons. J'avais depuis longtemps le désir de vous remercier, monsieur de Saint-Venant, pour toute la part que vous avez prise au bonheur de Belle dans sa nouvelle existence. Maintenant, je n'en puis douter — elle me l'affirme et je le vois : elle est heureuse.

BELLE

Cher garçon, ce sont de bons moments, n'est-ce pas, ceux du premier succès ?

DOUGLAS

Assez bons, c'est sûr ! Ah ! il y a de grandes choses
à faire. Vous devriez venir voir cela, monsieur de
Saint-Venant. Cette vieille Europe s'ennuie !...

BELLE

Allons ! voilà l'Américain qui va jeter son cri !
Juste ce que je craignais... Tais-toi !...

(Entre Philippe.)

PHILIPPE

Ah ! vous voilà, Douglas. Il paraît que votre chauf-
feur vous demande. Le moteur a quelque anicroche.
Voulez-vous que j'envoie l'homme ?

DOUGLAS

Non, j'aime mieux voir moi-même, si vous voulez
bien. C'est l'affaire d'un instant.

BELLE

Va, cher garçon !

PHILIPPE

Vous ne venez pas avec nous, Belle !

BELLE

Je vous attends ici. Je sors toujours de la remise
avec du cambouis jusqu'aux yeux. Ne sois pas long,
cher.

PHILIPPE

Je vous rapporterai une des Paul-Néron qui poussent près de l'Orangerie. (*Prenant en souriant le bras de Douglas.*) Je jure de le ramener.

BELLE

A tout à l'heure. (*A Douglas.*) Je viendrai te prendre chez toi.

(D'un signe, elle empêche Saint-Venant de les suivre, comme il en manifeste à demi l'intention. Ils sortent.)

SCÈNE VIII

BELLE, SAINT-VENANT puis PHILIPPE et LA MARQUISE

(Elle les suit des yeux, son visage s'altérant à mesure, tandis que Saint-Venant la contemple avec une surprise inquiète. Puis elle saisit son bras violemment et, à moitié appuyée contre lui, s'écrie :)

BELLE

Ah ! cela m'a tuée !

SAINT-VENANT

Belle, mon enfant, ma petite Belle, qu'avez-vous ?

BELLE, haletante.

L'effort de cette comédie que je viens de jouer... Si vous saviez !... (*Elle se laisse tomber sur le canapé, elle pleure.*)

SAINT-VENANT

... Quelle comédie ? Pourquoi pleurez-vous ? Je deviens fou... Parlez.

16

BELLE, sanglotant.

Ce semblant de gaieté, quand j'ai la honte et le dégoût au cœur.

SAINT-VENANT

Que vous a-t-on fait ? Qui a osé ? Oh ! ne pleurez pas... ou il faudra que je vous quitte...

BELLE

Mon pauvre frère, si gai, si confiant, si triomphant de sa prospérité nouvelle... je n'ai pu lui dire la vérité, jeter cette douche sur sa joie. Il ne faut pas toucher à la joie des autres, tant qu'elle dure... Ah ! ce n'est jamais bien longtemps... Alors je l'ai trompé, trompé, comme un mari ! Vous ne pouviez pas cacher votre air étonné tout à l'heure, malgré tout votre tact, en l'écoutant me féliciter... de mon bonheur conjugal en particulier... Écoutez, je n'ai plus d'illusions sur mon mari !...

SAINT-VENANT

Comment ?

BELLE

Là — à cette place — je l'ai vu donner un baiser à la petite Rostanvel... un baiser d'amant.

SAINT-VENANT

Nicole !

BELLE

Oh ! je ne veux pas savoir, je ne veux pas croire que cette petite ait une âme basse... Ce serait abomi-

nable qu'elle m'eût volé mon mari, comme on dit.
Nous causions tout à l'heure. Elle était affectueuse,
presque tendre. Pouah !

SAINT-VENANT

C'est impossible. Je la connais. Mais Philippe...

BELLE

Ce n'est pas tout. Une de ces mioches, entrée tout
à l'heure par hasard, m'a appris — innocemment,
je crois — que mon mari, selon toute apparence,
entretient à Paris sa sœur, la petite lingère qui a
disparu de la maison si vite l'année dernière...

SAINT-VENANT

Belle, ne croyez pas...

BELLE

Je sais, je sens que c'est vrai. Et vous, tenez...
vous le saviez ! (*Il baisse la tête.*) Vous voyez bien...
Vous aussi vous m'avez laissé vivre dans cette du-
perie infâme... Vous...

SAINT-VENANT

Belle, ne soyez pas injuste. Apprenez-moi ce qu'il
aurait fallu faire ! Ne me forcez pas à vous dire ce
que j'ai souffert... Prenez garde que je vous le dise !
(*Passant sa main sur son front.*) Ah !... pardon. Je
vous parle de moi !... La vérité est que je n'ai pas
voulu *savoir*, voulu admettre une possibilité si haïs-

sable... Un homme ayant le privilège d'appeler sien un être comme vous et pouvant jeter les yeux ailleurs... c'était une offense à la justice, à la bonté, que dis-je, au plus vulgaire sens commun. Mais...

BELLE

Mais ?

SAINT-VENANT

... Et cet homme c'était Philippe, presque mon enfant! Car c'est un fils pour moi, c'est un fils, il faut que je me le répète. C'est moi qui l'ai élevé... qui ai tenté de lui faire aimer les formes nobles de la vie, de tout son cœur inconstant... Il s'est marié... ce fut la volonté de sa mère, je ne comptais pas... et puis que savait-on ? une affection profonde le fixerait peut-être... Vous devinez les pauvres raisonnements de convenances et de moralité superficielles dont s'accompagnent à l'ordinaire ces crimes par lesquels la race s'efforce de se perpétuer — ou de se détruire, on ne sait! — et qu'on appelle des mariages. Et ce mariage-là consommait votre malheur à vous, Belle!... et je ne le savais pas, je ne vous connaissais pas, je ne pressentais rien... Ah! pardon! Mon châtiment est plus terrible que je ne pouvais l'imaginer. Pardon! (*Il met sa tête dans ses mains.*)

BELLE

Vous ne m'aviez jamais dit ce que vous aviez souffert...

SAINT-VENANT

Ai-je dit cela ? Ai-je parlé de mes peines à moi,
si près de la vôtre, ô bien-aimée enfant ? C'est vous
qui m'avez appris ma souffrance.

BELLE

Oh ! comment, moi, ai-je pu ?

SAINT-VENANT

Soyez-en remerciée à jamais. Vous m'avez restitué
à moi-même. Triste présent... mais a-t-on mieux ?
Oui, moi, dont le renoncement et les leçons de mon
Dieu avaient déjà fait presque un cadavre, je me
suis cherché une raison de durer ! Quelle magie
portez-vous dans le geste de ces petites mains ? Elles
ressuscitent les morts !

BELLE, souriant tristement.

Ami, ce n'est pas moi, c'est sans doute l'air que
j'apporte de mon pays, les effluves qui flottent autour de ma faible présence. Oui, si faible... Car dans
le tumulte de mon esprit et de mon cœur, je reste
irrésolue, sans force, et je ne me comprends plus.

SAINT-VENANT, troublé.

Vous l'aimez ?

BELLE, avec une ironie douloureuse.

Ah ! Dieu ! comment voulez-vous que je ne l'aime
pas ? Oui, sans doute, je dois l'aimer... quoique l'idée

de le revoir fasse crisper ma chair d'une sorte d'effroi qui ressemble à de la haine.

SAINT-VENANT

Qui ressemble ! comme vous l'aimez !

BELLE, à travers ses larmes.

N'est-ce pas ? comme je l'aime !... Ha, ha ! Ne suis-je pas encore sous son toit ?... Peut-être n'est-ce pas pour lui seul !... (*Un temps.*) Qu'y a-t-il donc ? Me suis-je attachée à ces choses étrangères, à ces vieilles pierres qui ne m'ont pas vu naître, à ces arbres que mes pères n'ont pas plantés, à ces serviteurs, à ces coutumes, à ce passé vivant qui me tient et ne veut pas me laisser fuir ? Je ne sais plus. Il y a une voix dans ces choses, une âme de gravité, de noblesse, de mélancolie qui parfois, il me semble, veut rapprendre de moi, chétive, l'amour, l'espoir... Et je crois, en vérité, que cette âme muette et si belle, je ne l'aurais jamais comprise, ni jamais entendue, si ce n'avait été... la vôtre.

SAINT-VENANT, avec un trouble profond.

Moi ?

BELLE

Donnez-moi votre main, Aymar...

. . . .

PHILIPPE, rentrant.

Eh bien ! l'automobile n'a pas grand'chose. Ma

mère me demande, paraît-il ! Je la croyais ici... Vous
avez l'air très sérieux, chère Madame.

(Il lui offre une fleur, qu'elle feint de ne pas voir et que
Philippe gardera dans sa main pendant la scène suivante.)

LA MARQUISE entre, sortant de sa chambre. A Philippe.

Ah ! te voilà ! Belle, soyez assez aimable pour vous
occuper un peu de ces excellentes religieuses, et
emmenez-les par la bibliothèque ensuite. J'ai à parler
à Philippe. (*A Saint-Venant qui va pour sortir.*) A vous
aussi, mon cher.

(Belle sort.)

SCÈNE IX

SAINT-VENANT, LA MARQUISE, PHILIPPE

SAINT-VENANT

Chère amie, qu'y a-t-il ?

LA MARQUISE

Lagimel sort de chez moi.

PHILIPPE

Le vieux !

LA MARQUISE

Oui, tu sais bien que le jeune est à Paris.

SAINT-VENANT

Le père de la petite que nous avons vue tout à
l'heure ?

LA MARQUISE

Oui. Il y a une autre sœur.

PHILIPPE

Ah ?

LA MARQUISE

Comme son frère, sur le pavé de Paris... débau-
chée par mon fils que voici.

SAINT-VENANT

Philippe...

LA MARQUISE

L'été dernier, ici même, sous le toit maternel.

SAINT-VENANT

J'aurais dit : conjugal.

LA MARQUISE

Conjugal, soit ! (*A Philippe.*) Qu'as-tu à dire ?

PHILIPPE

Ma mère... rien. Puisque vous savez ce qui en est...
Je suis fâché d'avoir pu oublier un instant le respect
dû à votre maison... Il paraît que ces choses-là ont
un rapport avec les égards qu'on doit aux logis et
aux parents. J'avoue ne pas bien saisir...

LA MARQUISE

A défaut de principes, il pourrait au moins te rester
le sens des convenances. Je ne te demande pas comment tu as connu cette fille. Elle était de la maison,
le reste se devine aisément. Dire qu'elle n'est même

pas très bien ! Mais il ne s'agit pas de cela... Le père, prévenu par hasard, a voulu me voir, il est bouleversé, il a pleuré... tout en restant parfaitement à sa place, se bornant à répéter que c'était dur pour un vieux domestique, resté quarante ans dans la famille, qu'on les montrerait du doigt dans le village, etc... Bref, une très vilaine histoire.

PHILIPPE

Quant à la principale intéressée, permettez-moi de vous faire remarquer, ma mère, qu'elle n'est point, comme vous le disiez, sur le pavé.

LA MARQUISE

Est-ce le trottoir ?

PHILIPPE

Pas même. Elle a une situation, peu honorable peut-être, mais sûre, adaptée à son tempérament et à ses aspirations et, en tout cas, infiniment supérieure à tout ce qu'elle pouvait ambitionner de plus reluisant dans la vie.

LA MARQUISE

J'en suis aise. Mais les parents sont de braves gens, un peu arriérés, et moins sensibles que toi à ces considérations. De plus, il y a le frère.

PHILIPPE

Jacques ?

SAINT-VENANT

Oui, ton camarade de collège, le petit défroqué...
comme on l'appelle ici. Il nous hait déjà.

PHILIPPE

Et pourquoi ?

SAINT-VENANT

Pour mille raisons, tu le sais bien. Parce que ta
mère a payé sa pension au séminaire, parce qu'il
nous doit quelque chose, parce que, détourné de la
vie religieuse à laquelle nous l'avions cru destiné, il
est allé à Paris, étudiant vague d'abord, répétiteur
ensuite, toujours plus aigri, toujours plus envieux...

LA MARQUISE

Joli produit moderne ! Mais pourquoi se découra-
gerait-il ? En rupture d'office et puis de sacristie, la
politique lui tend les bras.

SAINT-VENANT

Vous êtes dure, chère amie. Les êtres que la reconnaissance n'enchaîne pas ne sont peut-être pas nécessairement des monstres. Et les inquiets, ceux qui
cherchent, sont sacrés. Je lui ai parlé. Aucun écho.
Il est persuadé que nous lui en voulons de ne pas
s'être fait prêtre. Il nous en veut aussi, à nous et à
la société tout entière... cette société pourtant où
nous n'avons guère plus de place que lui. Bref, j'ai
senti jusqu'à l'évidence, en le quittant, que ce garçon
était capable de tout.

PHILIPPE

De tout...

SAINT-VENANT, regardant à la dérobée sa femme, qui a tressailli.

Oh ! j'exagère.

LA MARQUISE

Non. Vous m'aviez dit cela aussi, le soir même. Il serait trop heureux sans doute d'une occasion qui s'offrirait... Philippe, il y a désormais un scandale... un danger suspendus sur cette maison, sur nos têtes, sur ta vie qui est la mienne...

PHILIPPE

Non, c'est impossible. Je ne crois pas aux fatalités bêtes. Singulier instinct de joueur...

LA MARQUISE

Joueur ? Quel est ce mot ? Ce que tu joues, c'est notre repos, notre honneur, ma tendresse...

PHILIPPE

Ma mère... pardon. A vous aussi, mon second père, à qui je dois le plus admirable dévouement qui ait jamais entouré une vie d'enfant. Merci pour le passé... pour le présent, une fois encore pardon. (*Avec un sursaut d'orgueil.*) Pardon !.. Pardon...ce mot me brûle les lèvres. Il serait une lâcheté si je ne vous voyais souffrir. Et cela, je ne veux pas pourtant. Ah ! comment se fait-il qu'entre vous deux si droits, si fidèles, si étrangers aux tumultes de la vie et de la passion...

LA MARQUISE

Ah ! qu'en sais-tu ?...

SAINT-VENANT

Continue. (*Un temps.*)

PHILIPPE

Comment se peut-il qu'entre vous deux, parmi la plus étroite sollicitude, ait pu croître l'homme que je me sens devenir ? Joueur, ce mot vous choquait, ma mère. Mais le risque, le risque incessant, le risque enivrant, c'est la vie. Vivre, c'est un audacieux et inlassable pari contre mille destins... Cette ivresse, il la faut à toute âme hardie. Nos pères avaient l'action, la guerre, l'aventure... Vous m'avez gardé de ces choses... Vous m'aimiez trop. J'ai tourné les yeux ailleurs, je n'avais pas le choix. Un monde m'est apparu, plein d'un inconnu magique... Mais, ma mère, de pareils sujets sont nouveaux entre nous...

LA MARQUISE

Ton langage, je l'avoue, me paraît extraordinaire... Depuis ce séjour à Paris, il y a, dirait-on, comme un tour particulier à ton esprit que je ne reconnais pas. Je ne te parle plus pour ma part au nom de la vertu, ni de la religion, je ne t'ai jamais ennuyé d'excès de bigoterie... mais il reste des convenances générales auxquelles nous obéissons, les gens de notre tas, au moins par impulsion acquise...

Il s'agit en somme d'une paysanne séduite. L'événement est vulgaire... quoiqu'il te fournisse un thème à développements imprévus, pour en dire le moins... Les conséquences peuvent être fâcheuses. Que comptes-tu faire ?

PHILIPPE

Que puis-je faire, ma mère ? Tenter de convaincre de braves parents que leur fille, étant donné son caractère, ses goûts, a trouvé dans la carrière qui l'attend le meilleur emploi de ses dons naturels et la plus grande probabilité de bonheur futur ? C'est mon avis. Si j'avais pensé autrement et ne m'étais pas considéré comme un hasard... une coïncidence dans sa « chute » (on dit bien ainsi ?) ma conduite, sachez-le bien, eût été différente.

LA MARQUISE

Ce sont des arguments faciles.

PHILIPPE

Je vous serai reconnaissant, ma mère, de les prendre tels qu'ils sont.

LA MARQUISE

Quel est ce ton ? Aussi bien, il y a longtemps que j'aurais dû couper court à cet entretien. Voici ce que je compte faire : tâcher de marier cette fille... en Berry... avec un tenancier de là-bas. On la dotera. Je vais écrire au curé.

PHILIPPE

Faites. (*Un temps.*) Il y a quelque chose d'immoral, de bourgeois et même de cruel dans cette solu-
tion, permettez-moi de vous le dire, ma mère.

LA MARQUISE

Permets-moi de m'y tenir. Et quant à ce qui est
moral, j'attendrai un meilleur juge. (*Changeant de
ton.*) Philippe, qu'est-ce que tu as ? Jamais tu ne m'as
parlé ainsi. J'en suis atterrée. Je ne t'ai jamais senti
si loin de moi. Et c'est affreux, c'est barbare... à cette
minute où je tremble à l'idée d'un péril possible
pour toi !...

(Il se jette sur ses mains et les baise.)

PHILIPPE

Mère ! Mère ! Ce n'est pas moi qui parlais... Voilà...
il ne faut jamais aborder certains sujets, jamais, ni
me conseiller sur certaines choses... Il est un domaine où personne n'est mon maître, ni par la force,
ni par la tendresse. Il est des minutes où une fréné-
sie de liberté me secoue, c'est un souffle formidable
qui broie tout devant lui et m'emporte irrésistible-
ment. Je voudrais me retenir. A quoi bon ? Je me
déchirerais plutôt en deux. La volonté dans ces tem-
pêtes ?... fêtu dans un torrent sans guide. (*Riant
faiblement.*) C'est drôle, n'est-il pas vrai ? Mais rap
pelez-vous cela — c'est le docile enfant de jadis qui
vous parle — rappelez-vous, nous ne sommes point

d'un sang paisible, ma mère. Il se réveille tôt ou tard. N'oubliez pas que je vous le dois. Maintenant, allez écrire au curé, si vous y tenez. Allez...

> (La Marquise, avec un regard d'inquiétude et de soumission tout ensemble, sort par la porte de sa chambre. Les deux hommes restent silencieux un moment.)

PHILIPPE, avec élan.

Ah ! mon père, vous aviez aussi toujours paru m'aimer un peu ?

SAINT-VENANT

Mon enfant, je ne t'ai jamais aimé mieux. Je pressentais vaguement ce qui arrive, sans bien imaginer la forme que prendrait cette révélation. Tout cela couvait sourdement. Tu luttais sans doute...

PHILIPPE

Oui, jusqu'à l'heure où les livres, ce dernier séjour à Paris, la société d'esprits clairs, logiques, sans pitié... parfaitement, le carabin a du bon... m'ont ouvert les yeux sur la valeur de ce qu'on nomme libre arbitre, abnégation, devoir. Je connais aussi la lucidité de votre cerveau, mon père... Or, j'éprouve le droit impérieux à la libre disposition de moi-même selon l'appel d'un désir suprême, dont j'attends avec certitude les plus hautes révélations et les plus puissantes joies que la vie ait à me donner ? Suis-je un coupable ? Suis-je un fou ?

SAINT-VENANT

La vie te répondra. Elle est le grand juge. Puisse-t-elle t'être miséricordieuse, pauvre enfant !

PHILIPPE, sans emphase.

Je ne veux pas être plaint.

SAINT-VENANT

De l'orgueil ? A la bonne heure ! Peut-être il te sauvera.

PHILIPPE, même jeu.

Je ne veux pas être sauvé !

SAINT-VENANT

Ne discutons pas dans l'éternel ni l'absolu, Philippe. C'est un peu loin pour mes forces. Mes yeux, à moi, ne voient pas de vérités à travers des êtres qui souffrent. Il est grave de faire pleurer une créature qui vous aime. Je ne parle ici ni de ta mère ni de moi.

PHILIPPE

Ma femme, n'est-ce pas ? Hélas ! c'est là l'erreur, l'irréparable faute. Je me connais trop tard, je me suis ignoré trop longtemps, gamin peu précoce, encore attardé dans son développement par la plus jalouse, la plus minutieuse tendresse... Un autre être a été uni (je pourrais dire à mon insu) à l'enfant que je n'avais pas cessé d'être, quand, obéissant à une volonté jamais encore discutée, j'ai épousé Belle.

Voici qu'un être charmant... aimé, se trouve attaché
à moi par un contrat dont mon ignorance ne soupçon-
nait ni l'étendue ni les charges et que je suis condamné à la faire souffrir dans son orgueil et dans
sa chair, à moins que, par un hasard extraordinaire,
elle se trouve assez intelligente et forte pour recon-
naître ma liberté et le caractère fictif du lien qui
nous garrotte... Mon père, aidez-moi.

SAINT-VENANT

T'aider ?

PHILIPPE

Belle est assez intelligente. Vous vous comprenez,
je sais. Persuadez-la. Je ne puis. Je n'en ai ni l'autorité ni le courage. Mais elle est capable de comprendre. Je veux lui épargner le plus possible la
dégradante comédie de mes mensonges. Je la per-
drai s'il le faut. Ce sera un déchirement, mais j'aime
mieux cela que l'hypocrisie à laquelle je devrais son
amour... Peut-être... est-il insensé d'espérer chose
pareille... peut-être elle reconnaîtra que, pour des
hommes d'une certaine trempe, l'indépendance est
plus nécessaire que l'air et que le pain. Elle est
généreuse ! Ah ! je donnerais mon sang pour qu'elle
ne pleurât point. Que ne suis-je mort, il y a six mois,
des blessures encourues pour sauver sa vie ! De quel
amour elle eût gardé le souvenir ! Ah ! vous lui
parlerez !

17

SAINT-VENANT, lentement.

Je lui parlerai... Te rends-tu compte de ce que tu me demandes !

PHILIPPE, avec une chaleur enveloppante.

Oui, le salut seulement des deux enfants qui vous sont chers. N'est-ce point cela ?... Merci. Je vais calmer ma mère. J'ai parlé tout à l'heure sous une impulsion de violence... qui m'étonnait moi-même. Tout sera bien, vous verrez. Il le faut... Il faut que les choses soient dociles ou brisées. (*Regardant le parc.*) Que ce soleil est beau ! Voyez ! Que la vie est riche et profonde ! Ah ! vous m'écouterez... (*Saint-Venant reste les yeux fermés, absorbé dans une lutte intérieure.*) Oui. Un jour ! Je me sens assez de flamme pour vous réchauffer tous !

RIDEAU

ACTE II

Le pavillon où M. de Saint-Venant a établi son laboratoire.

Au fond du parc. Bibliothèque aux murs revêtus d'armoires Louis XVI, derrière les vitres desquelles on aperçoit des dos de livres. Échelle mobile. Grande table couverte de papiers devant la fenêtre de droite. Fauteuil devant la table. Porte à droite, donnant sur le laboratoire proprement dit. A gauche, porte-fenêtre accédant au parc, dont on aperçoit les feuillages par les ouvertures de gauche. Par les autres, un horizon de plaines, fermé par la chaîne de la Sainte-Baume, apparaît au delà d'une route qui côtoie la douve creusée entre le pavillon et la campagne. Chaise longue à gauche, sur le devant de la scène. Plus à gauche encore, petite malle ouverte dans laquelle M. de Saint-Venant est en train de mettre les livres qu'il prend dans une des armoires. Lombre, assis sur un bout de la chaise longue, le regarde faire en fumant. Un grand in-folio est ouvert à côté de lui sur la chaise longue. Des livres plus petits sont posés sur les pages ouvertes.

SCÈNE PREMIÈRE

SAINT-VENANT, LOMBRE, PHILIPPE

SAINT-VENANT, choisissant ses livres.

Tocqueville?... Un peu ancien, mais une autorité Le Bon, oui... Vigny... quel drôle d'ordre dans cette bibliothèque... Ma foi, je prends un Vigny.

LOMBRE

Vigny à Chicago ! Vous réagissez déjà.

SAINT-VENANT

On doit avoir des fringales subites de lire Vigny,
là-bas...

LOMBRE

Monsieur de Saint-Venant, ce brusque départ ne
serait-il pas tout d'enthousiasme ?

SAINT-VENANT

Mais oui... mais oui... Sans doute, ce diable de
Douglas, qui se rembarque comme cela, au bout de
dix jours, ne me donne guère le temps de respirer,
mais ma décision de l'accompagner est bonne, je ne
la regrette pas... malgré les protestations des miens...
Comme vous seriez aimable de me donner ces petits
livres... là, à côté de vous, sur ce grand in-folio
ouvert.

LOMBRE lui tend les livres. En les prenant son œil tombe sur l'in-
folio auquel il revient après avoir donné les livres à Saint-Venant.

Oh ! c'est une généalogie !...

SAINT-VENANT

Quoi ?... Ah ! oui, une généalogie des Champdieu.
Cela vous amuse, je suis sûr, ce biologiste qui
s'occupe d'héraldisme...

LOMBRE, lisant.

C'est charmant! Hercule de Champdieu épouse,
en 1528, noble Almodie, Jehanne Hélix de Sadours...

SAINT-VENANT

Une grand'mère provençale... qui avait un joli
nom... Hélix de Sadours... Mais vous allez trouver
que je rime à troubadour... Or, vous savez que ce
n'est point surtout pour la poésie et encore moins
pour la vanité qu'on met de l'ordre dans le passé.
C'est par propreté, pour ne pas laisser traîner des
toiles d'araignées, c'est de la méthode... de l'esprit
scientifique... encore !

LOMBRE

C'est très juste. Songez! Que de documents, pour
l'étude de l'hérédité, dans une généalogie bien faite.

SAINT-VENANT

On y arrivera... que de choses arriveront! Oui...
la vie est riche et profonde, comme dit Philippe.
Si l'on pouvait ne pas se marchander à la vie...

> (Il se penche de nouveau sur la caisse pour y placer
> les livres que Lombre vient de lui tendre.)

Mais c'est Faublas que vous m'avez donné là !

LOMBRE

Bah! Un drôle d'ouvrage pour la pudique Amérique ! Il était sur la Généalogie.

SAINT-VENANT

Qu'est-ce que ce larron d'honneur vient faire parmi mes trisaïeules?... Il habite généralement là, l'armoire non vitrée, marquée « Enfer », sur le vieux catalogue. Ce ne peut être que Philippe...

LOMBRE

Un peu démodée, ne trouvez-vous pas, la perversité de Faublas, pour ne parler que de celle-là. C'est si chrétien au fond, cette idée du Don Juan nécessairement cruel et diabolique. On ne semble pas pouvoir l'imaginer autrement...

SAINT-VENANT, souriant.

Mais vous êtes très au courant...

LOMBRE

Certes. Rien de ce qui se rapporte à l'amour... ou plutôt, puisque nous parlons science, il faut bien employer de vilains mots — de ce qui regarde la sexualité, ne peut être indifférent. Connaître les lois de l'attraction des êtres, ce serait connaître les lois de leur perfectionnement.

SAINT-VENANT

Il faudrait un génie...

LOMBRE

En tout cas, le type supérieur du séducteur, pourquoi ne serait-il pas un aspect de l'éternelle volonté de puissance ? Pourquoi n'inspirerait-il pas la

même curiosité attentive, que toute forme auda-
cieuse et impérieuse de la vie ?

SAINT-VENANT

Avez-vous toujours pensé ainsi ?

LOMBRE

Non, cela s'est cristallisé assez récemment. Le per-
sonnage du sensuel vulgaire m'était au contraire
toujours apparu sous un aspect d'égoïsme et de glou-
tonnerie,... pathologique en somme. Puis, comme
il arrive généralement, le hasard, la rencontre d'un
type supérieur ou d'une circonstance singulière,
m'ont orienté dans un autre sens.

SAINT-VENANT, comme à lui-même

Se pourrait-il donc qu'il existât des natures excep-
tionnelles, pour qui la volupté fût la stimulation la
plus forte à leur intelligence et à leur volonté ? Pour
qui la communion avec l'absolu ne fût suprême,
possible, que sous les espèces du baiser ? Pour qui
la recherche de l'amour fût l'équivalent de la pour-
suite de l'idéal pour le génie ou de l'empire pour le
héros ! La sensualité pourtant m'apparaît irrémédia-
blement basse, avec son geste ridicule... Mais pourquoi, pourquoi ?... N'est-ce point une puissance
d'idéalisation suffisante qui nous manque ?...

LOMBRE

Tout nous manque, hélas ! pour mener à bien des

observations aussi rares, aussi délicates, des expériences aussi difficiles... Je ne ris pas... Surtout à nous, pauvres chercheurs, confinés dans un laboratoire. Il y a des gens qui cherchent, d'autres qui vivent...

SAINT-VENANT

Bah ! ne pas chercher, est-ce vivre ?

PHILIPPE, qui est entré tout à coup sans être vu.

Certainement non ! .

SAINT-VENANT

Tiens, c'est toi !

PHILIPPE, souriant.

Pardon, mon père. Mais admirez, comme malgré tout, nous pensons de même ! Du reste, la discussion n'est possible qu'entre gens du même avis. (*Apercevant la caisse.*) Ah ! toujours ces affreux emballages. On ne vous voit plus. Je n'ai jamais une seconde pour vous parler.

SAINT-VENANT

Je choisis quelques livres. Voilà qui est fait d'ailleurs. Je rentre. (*Il referme la caisse.*) Belle n'est pas avec toi ?

PHILIPPE

Non, avec son frère, comme à l'ordinaire. Nous les avons laissés près du vivier, tout à l'heure. Ils ont si peu de temps à rester ensemble !

(Saint-Venant sort.)

SCÈNE II

LOMBRE, PHILIPPE

PHILIPPE, ramassant un volume.

Tiens ! Vous commentiez Faublas ! Étonnants, ces biologistes. Quelle conscience !

LOMBRE

Oh ! j'avais pris le volume par hasard...

PHILIPPE, apercevant l'in-folio.

De la généalogie aussi ! Ça, c'est amusant !

LOMBRE

Le livre était là !

PHILIPPE

Impayable, vous savez, cette vieille généalogie... pompeuse... glorieuse... et toutes les audaces ! Savez-vous de qui elle nous fait descendre ? De saint Lazare !

LOMBRE

Saint Lazare !

PHILIPPE

Oui, boulevardier ! Lazare, le ressuscité, le frère de Madeleine qui mourut là-bas, à la Sainte-Baume. On voit le mont par la fenêtre. Après tout, les ducs de Lévis cousinent bien avec la Sainte Vierge ! Ce qui n'empêche pas, comme chez tous les gens vraiment bien, qu'il y a une mésalliance toutes les deux générations. Dame ! le rang à tenir ! Oh ! dans le bouquin, on n'y voit que du feu, naturellement. Pourtant, vous osez dire, affreux socialistes, que nous sommes d'un sang appauvri ! Quelle farce ! Mais nous avons du maltôtier, du boutiquier, du robin et du juif !...

LOMBRE

Au contraire, il doit y avoir plaisir à se sentir riche de tant de possibilités, car plus on a de possibilités...

PHILIPPE

Tant plus on est heureux, parfaitement.

LOMBRE

Qu'en penserait M. de Saint-Venant ? Nous venons d'avoir une conversation curieuse...

PHILIPPE

Sur quoi ?

LOMBRE

Sur vous.

PHILIPPE

Oh ! trop flatté !

LOMBRE

A propos des libertés de l'amour en général. J'ai plaidé en leur faveur, cela s'entend...

PHILIPPE

Merci pour elles...

LOMBRE

... du haut de la tribune philosophique et scientifique... avec feu.

PHILIPPE

J'aurais voulu être là. Du reste, vous me raconterez... Vous ne partez pas, vous aussi, j'espère. C'est moi qui rêve d'espace, et les autres qui s'en vont.

(La Marquise entre, avec Saint-Venant. Elle lui parle avec des gestes secs. En apercevant Lombre, elle s'interrompt, va vers lui.)

LA MARQUISE

Bonjour, monsieur Lombre.

LOMBRE

Comment allez-vous ce matin, Madame?

LA MARQUISE

Mal, monsieur Lombre, mal... (*A Saint-Venant.*) Toujours ces emballages...

SAINT-VENANT

Je vous demande encore cinq minutes, chère amie.

LA MARQUISE

Alors je vous laisse jusque-là, et j'emmène M. Lombre aux serres... s'il veut bien de moi.

LOMBRE

Comment donc. Marquise...

LA MARQUISE

Je reviens vous prendre.

(Ils sortent. Saint-Venant reste avec Philippe.)

SCÈNE III

SAINT-VENANT, PHILIPPE

PHILIPPE

Mon père... Nous voilà seuls. Dans tout le désarroi et la hâte des événements de ces trois jours, le départ des Rostanvel, le brusque rappel de Douglas, votre décision plus inattendue encore de l'accompagner en Amérique, je n'ai pas eu le temps de vous parler, à peine de vous voir. Du reste, je ne voulais pas vous parler, j'attendais que vous le fissiez d'abord. Rien dans l'attitude de Belle ne me laisse prévoir l'issue de l'entretien que je vous avais demandé d'avoir avec elle. Nous nous parlons en public, c'est tout. Enfin l'avez-vous vue? Avez-vous plaidé pour moi? Ne m'avez-vous pas senti inquiet, souffrant, moi aussi, pendant ces heures où l'annonce de votre départ est tombée comme un coup de plus? Songez que ma vie entière dépend de la réponse de Belle. Je vous perds à présent. Dois-je la perdre aussi? Vous lui avez parlé, n'est-ce pas?

SAINT-VENANT

Oui.

PHILIPPE

Votre ton est grave. Que lui avez-vous dit ? Vous
avez été si bon de vous charger... Mais la profonde
affection qu'elle a pour vous vous a rendu la mission
facile...

SAINT-VENANT

Facile !... J'ai tâché — avec quels douloureux efforts !
— de lui traduire ta pensée, cette théorie des droits
supérieurs de l'homme en matière de liberté dans
le mariage. J'ai tâché de m'assimiler tes idées, ton
langage, de ne pas entendre le vieil instinct d'équité
qui se révoltait au fond de moi...

PHILIPPE

Eh bien ?

SAINT-VENANT

Qu'ai-je pu répondre à ce juste orgueil qui sai-
gnait, à cette dignité blessée dont le premier cri a
été pour réclamer...

PHILIPPE

Allez !

SAINT-VENANT

... La liberté pour elle aussi, pleine, entière, égale
à la tienne.

PHILIPPE, la figure contractée, montre une vive douleur.

Voilà... vraiment, qui manque... d'imprévu... Une
égale... elle veut être mon égale... Mais je la mets
mille fois plus haut !... Alors... c'est la séparation,

pas moyen d'entendre cela autrement. La séparation !
Et je l'aime ! Elle ne m'aime donc pas ? Me serais-je
trompé à ce point?.. Ah ! c'est impossible, je vais lui
parler, moi.

SAINT-VENANT

Arrête... Attends. Oui, elle t'aime...

PHILIPPE

Ah !

SAINT-VENANT, douloureusement.

Elle t'aime. Elle souffre. Ce n'est que par dignité
qu'elle a parlé ainsi. Au fond, elle est la femme d'un
seul homme, et cet homme c'est toi ! Si elle m'a dit
autre chose, elle m'a menti, j'en suis sûr. Ah ! sois
bon, sois doux pour elle... Que vas-tu lui dire ?...
Ne lui fais pas de mal... Elle souffre aisément... Ah!
ne repousse pas le don sublime qu'est un pareil
amour. Moi, je vais partir, je vous laisse... Si je
pouvais vous laisser heureux !

PHILIPPE

Comme vous êtes bon ! En quoi ai-je pu mériter
d'être aimé ainsi !

SAINT-VENANT

Que lui diras-tu ? Tu as raison, il faut lui parler,
mais sois bon, pas trop éloquent peut-être, pas trop
charmant... c'est cruel cela...

PHILIPPE

Mais je n'en appellerai qu'à sa chère et claire intelligence, mon père. Quand elles sont autre chose

que des mannequins, les femmes de son pays com-
prennent, sont capables d'écouter des idées, d'y
répondre... Cela ressemblerait presque à un pédan-
tisme, mais chez une vraie femme, cela prend un
charme singulier et neuf. Elle comprendra que des
êtres aussi différents que l'homme et la femme ne
peuvent pas obéir à des lois identiques, qu'ils ne
relèvent pas du même tribunal ! Et si cela n'est pas
assez, je parlerai à son cœur. Non, je ne suis pas
injuste ! Cet amour indulgent et sublime que je demande, ce n'est point la revendication d'un égoïsme
monstrueux. C'est un hommage que je voudrais
rendre à genoux à cette prodigieuse puissance et
générosité d'aimer qui élargit le cœur de la femme.
Je semble lui réclamer une complaisance dégradante
alors que, dans l'attitude d'un respect infini, je la
somme de réaliser le plus haut idéal — oui c'est
cela — le plus haut idéal du féminin. Loin de
la traiter en être inférieur, comme esclave passive
des temps primitifs, je la supplie de revenir d'un
plein assentiment à sa glorieuse mission d'aimer
sans droits, sans marchandage et sans mesure.
(*Geste de Saint-Venant.*) Oui, je sais. Un autre que
vous sourirait. Mais entre nous, n'est-ce pas, nous
laissons de côté l'ironie — ce tic de pleutre. La vie
s'en charge. Toutes ses voix font un chœur antique
et dérisoire à nos petits drames, en attendant pourtant que l'acteur parle assez haut. Qu'importe ! Belle

me comprendra. Elle aurait honte d'être confondue avec la femelle avide, l'antique ennemie qui confisque, éteint, engraisse et dégrade son captif... Ne sait-elle pas combien je l'aime ? Son amour, c'est le port où je reviendrai m'abriter toujours... mais faut-il en murer l'entrée, oublier le large, l'horizon, l'aventure, tout ce qui fait la vie et son beau péril enivrant ?...

SAINT-VENANT

Pauvre petite !...

PHILIPPE

J'y vais! Merci, mon père, de ce que vous avez fait. C'est à vous en quelque sorte que je la devrai, et cela m'est doux. Vous êtes bon de m'aimer... il faut m'aimer...

(Il sort.)

SAINT-VENANT, seul.

Il faut l'aimer. Voilà le mot! Fût-ce contre toute justice, contre toute bonté... Pourquoi cherche-t-il des raisons ? A quoi bon ? Peine inutile... il faut. Que sont-ils donc, ces êtres mystérieux à qui l'on donne plus d'amour qu'aux meilleurs et aux plus tendres, en échange du mal qu'ils nous font ?

(Entrent la Marquise et Lombre, continuant avec animation une conversation commencée.)

LA MARQUISE

Alors, vous êtes, par principe, pour les choses

nouvelles. Mais c'est immoral ! Il vous suffit qu'elles
soient nouvelles pour être bonnes !...

LOMBRE

Ah ! Marquise, je ne vais pas si loin. Mais il y aura
toujours assez de gens pour défendre le passé. Tenez,
je suis sûr que pour le premier homme qui ait marché
sur ses pieds de derrière, il dut y avoir des douai-
rières (qui allaient à quatre pattes) pour crier au
scandale et à la fin de tout...

SAINT-VENANT sourit faiblement.

Voilà, chère amie !

LA MARQUISE

Monsieur Lombre, vous êtes frivole.

LOMBRE

Marquise, et vous êtes... plus conservatrice que
vos chrysanthèmes, qui, s'ils s'en étaient tenus aux
modèles de leurs aïeux, seraient encore des fleurs
de curé, au lieu de ces merveilles que nous venons
d'admirer.., Mais je vous laisse maintenant. M. de
Saint-Venant a fini ses préparatifs...

LA MARQUISE

Au revoir, cher Monsieur.

LOMBRE

Marquise...

(Il lui baise la main et sort.)

SCÈNE IV

SAINT-VENANT, LA MARQUISE

LA MARQUISE

Très Régence, monsieur Lombre, il baise la main aux femmes à présent ! Peste ! Vous plaît-il, ce garçon ? Sa société ne vaut rien pour Philippe.

SAINT-VENANT

Je le trouve remarquablement intelligent.

LA MARQUISE

Vous voilà bien ! Vous êtes si peu habitué à rencontrer l'intelligence dans notre monde, qu'elle vous paraît tout de suite une sorte de panacée universelle, un pavillon à couvrir toutes les marchandises.

SAINT-VENANT

Chère amie, quels mots !...

LA MARQUISE

Je vous trouve pâle, mon cher... Ce n'est pas là une tête à partir pour un si long voyage...

SAINT-VENANT

Oh ! ce n'est rien, je suis un peu... fatigué et même ému ce matin — je n'avais pas l'habitude des séparations...

LA MARQUISE

Vous êtes décidé, alors ? C'est positif...

SAINT-VENANT

Est-il possible, chère amie, que vous ne vous
soyez pas encore faite à cette idée ?

LA MARQUISE

Eh bien ! non. La hâte de cette espèce de fuite,
l'étrangeté de cette décision subite, tout cela diffère
tellement de ce à quoi nous sommes habitués, cela
vous ressemble à vous-même si peu, mon cher, que
cela me frappe comme un ridicule... une sorte d'in-
convenance.

SAINT-VENANT

Chère amie, l'occasion de partir, accompagnant
M. Hickory, justifie cette précipitation...

LA MARQUISE

Vous m'assurez que Philippe ne court aucun
danger du côté de ces Lagimel... Mais en sommes-
nous sûrs ? J'espérais que vous auriez quelque scrupule à partir... Ah ! je ne peux pas penser...

SAINT-VENANT

N'y pensez pas. Cet homme que vous craignez —
sans raison valable au fond — j'ai vu hier, je vous le
répète, une lettre de sa main. Il part pour la Bel-
gique, écrit-il à son père. Il a trouvé un poste là-bas
dans quelque usine... Il partira, aussitôt finis ses

vingt-huit jours, qu'il fait en ce moment, si vous
tenez aux détails... Nous n'avons plus à nous en
préoccuper.

LA MARQUISE

J'envie votre sérénité. Soit, admettons que toute
inquiétude soit écartée de ce côté... Et mes enfants ?
Je ne parle pas de moi, je parle de Philippe et de sa
femme, que vous quittez, divisés, presque ennemis.
Elle ne digère pas ces ridicules histoires.

SAINT-VENANT

Leur attitude réciproque est parfaite.

LA MARQUISE

En apparence. Mais vous sentez comme moi que
le cœur n'y est pas.

SAINT-VENANT

J'ai fait tout ce que j'ai pu.

LA MARQUISE

J'en conviens. Mais il reste à faire. Et vous avez
de l'influence sur Belle. Plus que moi, en tout cas.

SAINT-VENANT

C'est inouï, enfin, quelle opinion vous avez tous
de mon influence sur Belle !

LA MARQUISE

Quoi de plus naturel ! Elle vous a montré sa pré-
férence dès les premiers jours. Son attitude a toujours clairement manifesté qu'elle vous considérait

comme la seule personne digne de la comprendre,
de sympathiser avec elle. Et c'est dans un moment
de crise, à l'instant où ce nuage entre elle et Philippe vient de s'élever, au moment où nous avons
le plus besoin de diplomatie et de ménagement pour
ses préjugés de petite barbare, c'est à ce moment
que vous lui donnez par votre départ le prétexte de
crier à l'abandon, etc... C'est absurde, impossible.
Vous ne pouvez pas partir.

SAINT-VENANT

Ma chère amie, vous me prenez dans un moment
de désarroi, de crise, moi aussi, où il me coûte de
manquer envers vous de cette docilité à laquelle je
vous ai habituée. Je crains de perdre mon sang-froid
en discutant, d'en trop dire... n'insistez pas. Croyez
seulement que le parti que j'ai pris, c'était le seul à
prendre, quoi qu'il m'en coûte — le parti de la sagesse, du devoir, de l'ho...

LA MARQUISE

Qu'est-ce que vous racontez? Vous allez remuer
des produits chimiques. Je pense que c'est parce
que cela vous amuse!...

SAINT-VENANT, se reprenant.

Oui, sans doute. Et quand cela serait! Je n'ai pas
trop sacrifié à mes goûts, ni à mes plaisirs, depuis
les vingt-six ans que nous vivons unis!...

LA MARQUISE

C'est donc, comme je le croyais, uniquement pour votre agrément que vous partez, me refusant ce que j'ai des raisons si graves de vous demander. Merci.

SAINT-VENANT

Eh ! non ! Qu'en savez-vous, si mes raisons, à moi, ne sont pas graves aussi ? Mais assez !

LA MARQUISE

Non. Continuons. Que voulez-vous dire ?

SAINT-VENANT

Rien. J'ai droit à mes pensées, à mes décisions. Je vous ai fait jusqu'ici la part assez large sur elles. Il est temps...

LA MARQUISE

En vérité ! (*Elle le regarde fixement.*) Ce longage inaccoutumé me rappelle le ton de Philippe. Quel vent souffle donc ?

SAINT-VENANT

Je souffre. Cessons...

LA MARQUISE

Vous souffrez ? Je ne comprends pas bien. Rien ne vous force. Serait-ce une attitude commode ? Je ne voudrais pas, notez bien, avoir l'air dur, inhumain... Mais si vous souffrez, mon cher, de quoi pouvez-vous bien souffrir ?

SAINT-VENANT, détournant la tête.

Ah !

LA MARQUISE

Des mystères ! Récapitulons. Vous m'avez parlé de raisons graves, de souffrance, voici à présent du mystère...

SAINT-VENANT

Oui, et cela suffit.

LA MARQUISE

Est-ce donc en ce moment, à la veille de notre première séparation sérieuse, que vous me reprenez si subitement — je puis dire si durement — la confiance qui a toujours existé entre nous ?... Aymar, que se passe-t-il ? Pourquoi ne vous reconnais-je point ? En quoi ai-je mérité ceci ?

SAINT-VENANT

Hélène !

LA MARQUISE

Je parle de confiance... Elle est bien facile entre gens qui n'ont rien à cacher. C'est notre histoire depuis vingt ans. Mais vous semblez n'avoir jamais cru tout à fait à ma si profonde et reconnaissante affection. Est-ce ma faute ? Peut-être. Le deuil affreux qui m'a laissée seule au monde avec mon enfant, et au lendemain duquel vous m'avez tendu si noblement la main, toute cette souffrance m'avait comme foudroyée dans une stupeur qui paraissait insensible. Pauvre ami... vous qui aviez besoin de tendresse, d'épanchement...

SAINT-VENANT

Je n'ai rien à vous reprocher, chère amie, et... il y a, en tous les cas, une joie que je vous dois; j'avais Philippe.

LA MARQUISE

Vous êtes bon. Mais Philippe a grandi. La vie nous le dérobe... Nous restons en face l'un de l'autre, et... si nous pouvons nous regarder sans honte... n'est-ce pas?... moi du moins, je dois en convenir, j'aurais pu me montrer une compagne moins mélancolique et plus tendre... une mère moins absorbée peut-être...

SAINT-VENANT

Il faut l'aimer...

LA MARQUISE

Mais, puisque je mérite ce reproche, je suis prête, mon ami, à vous en demander pardon. Oui, sans orgueil, avant de nous tendre la main, Aymar, et de vous dire : « Rendez-moi votre confiance »... Je ne croyais pas, certes, qu'elle pût jamais cesser un instant d'être mienne...

SAINT-VENANT

Mon Dieu!

LA MARQUISE

Alors vous partirez après m'avoir fait pressentir un secret ! *Vous*, un secret ?... et en me laissant une angoisse, qui chaque jour, plus profondément... Ah! c'est impossible!... A notre âge, voyons, mon ami, que peut-on être l'un pour l'autre, sinon des confidents, de mutuels soutiens ? Vous souffrez, cela est trop évident. Cette souffrance est à moi un peu.

SAINT-VENANT

Ah ! Dieu ! que dites-vous !

LA MARQUISE

Je dis que j'en veux ma part. C'est mon droit, je le réclame — et ce n'est que ma tendresse qui parle... Tout le monde a ses secrets... Croyez-vous que moi-même, autrefois... Et si je me suis tue, c'est que j'étais trop jeune alors pour oser être tout à fait sincère avec des êtres jeunes aussi. A cet âge, tout est passion, conflit et tempête. Mais, maintenant, à qui, l'un et l'autre, irons-nous ? (*Elle pose sa main sur son bras.*) Voyons, Aymar, je sais que je puis vous faire du bien. Ouvrez-moi votre cœur. Quelle raison inconcevable vous force, au moment où nous avons le plus besoin de vous, à me quitter, moi et mes enfants ?

SAINT-VENANT

C'est à cause d'eux que je pars.

LA MARQUISE

A cause d'eux ? Voilà une donnée en tout cas. Cher ami, que se passe-t-il ?... Mais votre présence est une garantie, une sauvegarde...

SAINT-VENANT

Ma présence est un danger.

LA MARQUISE

Pourquoi ?

SAINT-VENANT

Ah !... pour leur repos, le vôtre, pour le bonheur, pour l'honneur... Continuez... Interrogez. Mais continuez ! Que faut-il vous dire encore ?

LA MARQUISE

Rien... rien... je crois comprendre... Belle ?

SAINT-VENANT, baissant la tête.

Assez...

LA MARQUISE

Oui, n'est-ce pas ? Vous... Belle... Ah ! la gueuse !

SAINT-VENANT

Taisez-vous ! Ce que vous dites est monstrueux. Ne me faites pas repentir... Il n'y a pas d'être plus pur et plus loyal que... Ah ! pas un mot n'a été dit — je pars à temps. — Tout est bien.

LA MARQUISE

Tout est bien, n'est-ce pas ? Aimable optimisme. Une femme, une étrangère entre dans cette maison, me prend ce que j'ai de plus cher, mon fils, que je lui ai donné avec déchirement, avec lutte, avec larmes secrètes, afin qu'il soit plus heureux et qu'il crée d'autres êtres pour l'aimer comme il le mérite — par-dessus tout — et cette femme ose détourner de lui son regard vers un autre. Quel outrage, quelle trahison !... Et que dire, quand cet autre, c'est l'homme qui... Oh !

SAINT-VENANT

Je vous adjure une fois de plus de n'accuser qui que ce soit ! Votre colère vous emporte. Il n'y a ici personne à condamner, personne à justifier. Il y a la vie, qui se rit des hommes, et la passion qui les broie, et la fatalité... Si Philippe eût été différent, si je l'avais élevé mieux, si sa femme eût trouvé en lui et autour de lui plus de la tendresse dont elle avait besoin, tout cela peut-être ne serait pas arrivé... Certains pourraient parler ainsi... je ne soutiendrai même pas cette thèse facile.

LA MARQUISE

Non, ne soutenez pas de thèse. Abritez-vous commodément derrière la fatalité, comme vous dites. Faites bon marché de l'honneur, du devoir, du bonheur des autres...

SAINT-VENANT

Ah ! si vous parlez ainsi, s'il vous faut des raisons... j'en donnerai moi aussi. Non, je ne m'emporte pas... Soyez tranquille. Mais écoutez... Tout de même, sans reproche, nous étions trop seuls, elle et moi, elle à l'âge où la solitude est monstrueuse, moi-même à l'âge où elle est terrible... La solitude a rapproché nos cœurs. A qui la faute ?... (*Un temps.*) Mais je ne voulais pas révéler cela...

j'aurais voulu garder toujours la dignité du silence. Oubliez, mon amie, les mots qui m'ont échappé.

LA MARQUISE

Non. J'admire votre cynisme! Vous m'avouez cette chose inouïe, qui est presque un crime, et ce crime, c'est à moi que vous l'imputez!... Est-ce que je deviens folle?... Eh! que vous ai-je jamais dû? Vous ai-je trompé, quand, brisée par la perte d'un homme que j'avais trop aimé pour qu'il restât dans ma vie de place pour un autre amour, je vous ai admis à le remplacer... du moins auprès de l'enfant qu'il m'avait laissé?

SAINT-VENANT

Vous êtes cruelle. Votre mari nous avait unis en mourant.

LA MARQUISE

Oui, c'est vrai. Eh bien! savez-vous? je ne vous l'ai jamais pardonné.

SAINT-VENANT

Comment?

LA MARQUISE

Oui, je suis jalouse de ce que j'aime, parce que j'aime sans frein. J'étais jalouse de vous, son ami, quand il vivait. C'est cela qui ensuite m'a empêchée de vous aimer jamais, même si j'avais pu aimer un autre homme que celui-là. Une certaine estime pour votre caractère, tout ce que vous avez fait pour Phi-

lippe m'avaient empêchée de vous dire ces choses
avant ce soir. Mais devant ce que vous venez de
m'apprendre, je fais bon marché de mes scrupules
et vous m'entendrez. L'affront que vous me faites,
je n'en parle pas, je rougirais d'y penser, mais, rappelez-vous, je n'ai aimé qu'un homme, le père de
Philippe, et je n'aime qu'un homme : Philippe, qui
est mon univers et mon bien. C'est lui que je défends.

SAINT-VENANT

Soit. Mais c'était à lui de se défendre et de
défendre son bien. Belle n'ignore rien de sa conduite. Vous ne pouvez pas demander à une femme
de sa sorte une soumission de femelle de harem.
Après tout, elle a droit qu'on la défende, elle
aussi.

LA MARQUISE

Paladin !

SAINT-VENANT

Ne raillez pas.

LA MARQUISE

Ainsi, vous accablez Philippe, vous!

SAINT-VENANT

Philippe, jamais. Il obéit à des impulsions venues
de plus loin que lui, de plus loin que vous, et qui
en font un être à part, dispensateur de plus de joie
et de douleur que les autres. Je ne le blâme pas, il
ne faut blâmer personne. Mais comment ne pas

trouver que c'est une grande pitié d'avoir lié à cette vie effrénée cette autre vie innocente et solitaire, coupable seulement d'avoir considéré comme grave et définitif le pacte qui les liait ?

LA MARQUISE

Certains êtres ont des droits supérieurs.

SAINT-VENANT

Oui, sans doute. La morale est pour les tailles moyennes... Prenez garde aux conséquences de ce que vous allez dire...

LA MARQUISE

Il s'agit de ce que nous allons faire !

SAINT-VENANT

Voici. Après une dernière tentative de rapprochement entre Philippe et sa femme, je pars. Je considère cela comme essentiel. C'est la seule chose droite, honnête. Si Philippe le veut, il reprendra Belle. Il a le secret des paroles auxquelles on ne résiste pas. Je reviendrai plus tard. Ce que j'aurai souffert sera une affaire entre l'exil et moi. Je tâcherai d'avoir assez vieilli pour reprendre sans inconvénient ma place à ce foyer... à moins que vous n'y jugiez ma tâche accomplie — je vous obéirai alors, une fois de plus.

LA MARQUISE, d'un élan subit.

Mon ami.

(Elle lui prend les mains.)

SAINT-VENANT

Nous sommes de pauvres jouets de la vie, Hélène...
Pas un mot à Philippe ! Vous m'avez arraché un
secret que je ne m'étais pas dit tout entier encore à
moi-même. Songez à cela !

(Depuis quelques minutes, on entend une rumeur
lointaine, venant de la route, puis des voix entonnent
en chœur la vieille chanson française :)

Dans le jardin d' mon père
Les lilas sont fleuris.

LA MARQUISE

Qu'est-ce ? Ah ! les soldats, déjà. J'avais oublié le
dîner de ce soir. Dix officiers, n'est-ce pas ?

SAINT-VENANT

Ou douze, d'après l'adjudant major ce matin. Ah !
je me passerais d'assister à ce dîner-là.

LA MARQUISE

Il le faut, mon cher. On les recevra comme il se
doit. Nous sourirons... Je vais voir si on a logé les
ordonnances à la ferme... Vous allez venir bientôt recevoir le colonel !

SAINT-VENANT

Hélène, vous êtes brave !

(Elle sort.
Il se retourne vers la fenêtre.
On entend le refrain.)

Auprès de ma blonde
Qu'il fait bon, fait bon, fait bon,

Auprès de ma blonde
Qu'il fait bon dormir !

SAINT-VENANT

Comme c'est simple, mon Dieu.

(Il reste plongé dans ses pensées, regardant au dehors.
On entend la rumeur des pas, des fourniments choqués,
des propos échangés tandis que la troupe défile sur la
route.
Entre Douglas Hickory.)

SCÈNE V

SAINT-VENANT, HICKORY

HICKORY

Je ne vous dérange pas ? Quelle est cette musique ?

SAINT-VENANT

Le bataillon d'infanterie que nous logeons, ce soir.

HICKORY

J'ai quelque chose à vous dire, monsieur de Saint-
Venant. J'emmène Belle.

SAINT-VENANT

Comment ? C'est impossible !

HICKORY

Elle ne restera pas davantage avec un mari indigne. Je sais tout. Une lettre m'avait prévenu. J'ai
observé... je me suis renseigné, j'ai interrogé.

SAINT-VENANT, péremptoire.

C'est impossible !

HICKORY

La pauvre petite !... Elle me cachait tout. Que dis-je, elle me trompait, m'inventant qu'elle était heureuse. Je vous en voudrais presque de ne m'avoir parlé plus tôt, vous, monsieur de Saint-Venant, qui saviez... Comment qualifier votre opposition à ce que je l'emmène ? Je vous crois généreux, honnête ; pouvez-vous exiger le malheur d'un être qui n'a point péché et que vous sembliez aimer ?...

SAINT-VENANT, se ressaisissant à ce mot.

Je ne sais vraiment... Vous avez raison. Mon premier mouvement est sans doute un réflexe de civilisé que le scandale offense. Car il nous fait peur. Vous autres, jeunes peuples où l'individu est plus libre et plus fort, vous avez le courage d'être vous.

HICKORY, dédaigneux.

Que serions-nous sans ce courage ?

SAINT-VENANT

Que serions-nous sans cette lâcheté ?... Ma parole, c'est tout ce qu'il nous reste !... tout ce qui nous tient debout !...

HICKORY

Il n'y a pas de quoi vous envier cette fierté d'attitude, si, pour la garder, votre conscience vous permet de sacrifier la joie et la vie d'innocents.

19

SAINT-VENANT

Ah ! cher monsieur, si j'étais moins troublé, je pourrais tâcher de vous montrer que c'est au prix de tels sacrifices qu'une société dure et s'affine. Une Française d'une certaine sorte apprend tôt à faire peu de cas du bonheur, de son bonheur à elle. Il est sans grâce de désirer avec avidité et de le laisser voir. Le bonheur ! c'est un peu haut en couleur, un peu grossier — un manque de mesure... Le bonheur, ça n'est pas de très bon goût !

HICKORY

Très bien. Vous êtes des gens exquis. On ne recommencera pas la France. Pas plus qu'on ne revit hier !... Mais nous sommes aujourd'hui et nous vivons pour demain. Nous n'avons plus le beau paradis qui rendait vos aïeules patientes...

SAINT-VENANT

Belle ! Belle ! Comment ferons-nous sans elle ?... Le coupable, le premier — il l'adore. Mais votre puritanisme ne peut pas comprendre.

HICKORY

Comment, mon puritanisme ! Vous ne défendez pas cet homme, j'espère. Il mérite le pire châtiment, et si nous n'étions sous ce toit...

SAINT-VENANT

Ne discutons pas cela. Pensons à elle. Lui dire

adieu, retomber dans notre solitude aggravée de son souvenir !...

HICKORY

Mais vous venez avec nous !

SAINT-VENANT

Avez-vous réfléchi ? Mon départ ne se peut plus.

HICKORY

Quelle déception !...

SAINT-VENANT

Mais est-il possible qu'elle veuille partir ?

HICKORY

C'est moi qui l'exige. Je sais quel immense service je lui rendrai, fût-ce malgré elle. Je puis lui faire la vie si belle là-bas. Le yacht est sous pression à Marseille. Tout serait, après-demain, comme un vilain rêve oublié !

SAINT-VENANT

Êtes-vous sûr ?... Alors, ce n'est pas elle qui veut vous suivre ?

HICKORY

Elle résistait d'abord, désolée de me savoir au courant. Puis, je l'ai persuadée. Elle s'est décidée tout à coup.

SAINT-VENANT

Il faut que je lui parle.

HICKORY

Je vous préviens que... Mais non, je ne me méfie

pas de vous. Vous êtes un gentleman. Ce que vous direz, cela devra avoir été dit. On ne sacrifie pas un être à l'estime des quatre bicoques à tourelles qui font l'opinion de votre canton... Pourtant cet être souffrait et pleurait près de vous, sans que vous osiez rien pour la délivrer ?...

SAINT-VENANT

Oui, oui, tout cela est vrai... Vos paroles sont choisies avec un art plus cruel que vous ne pouvez croire. Il faut que je voie Belle tout à l'heure — quand j'aurai pourvu à mes hôtes.

HICKORY

Puis-je attendre ici ?

SAINT-VENANT

Certes. Excusez ce désordre...

(Il sort.)

SCÈNE VI

HICKORY, puis LAGIMEL

Hickory, seul, erre à travers la pièce. Ses yeux tombent sur les pages écussonnées de la vieille Généalogie ouverte sur la chaise longue. Il feuillette machinalement l'in-folio, puis d'un geste impatient et dégoûté s'en écarte.

HICKORY

Mensonges, vanités, vilenies, bâtardises — tout

cela caparaçonné d'or et d'émaux, drapé d'hermine, fleuronné de perles !... Qu'est-ce que nous sommes venus faire dans tout cela ? J'ai honte de me le demander. (*Il regarde la pendule.*) Cinq heures... Qu'est-ce qui arriverait à cette heure-ci à New-York ?... Oui... (*L'œil fixé dans le vide.*) Je vois Beatie qui remet ses gants, à côté de sa machine à écrire réintégrée dans la boîte. Le nègre attend, mon pardessus à la main... Ah ! ce bruit des trains et des sirènes... Et puis filer vers les pelouses et les cascades de Tuxido... à cinquante miles à l'heure, à travers la rumeur, l'énergie, l'avidité de cette foule qui travaille au plus beau lendemain du monde... Voilà vivre !...

(Un sous-lieutenant poussiéreux apparaît à la porte.)

LAGIMEL, saluant militairement.

Monsieur le comte de Champdieu, s'il vous plaît, n'est-il pas ici ?

HICKORY, se retournant.

Non, pas pour le moment...

LAGIMEL

Je suis sous-lieutenant de réserve au 136ᵉ. Mon bataillon est cantonné au village, mais j'ai demandé à être logé à Champdieu. J'y ai de la famille.

HICKORY

Très bien. Je crois que tous les officiers logent au château.

LAGIMEL

J'ai quitté la colonne, avant le « Rompez les rangs », et je suis venu par la ferme. Je désirerais parler à monsieur le Comte. Une communication particulière...

HICKORY

J'ai toutes raisons de croire qu'il va venir ici. En tout cas, vous le verriez à sa table, ce soir.

LAGIMEL

A sa table...

HICKORY

Oui, tous les officiers sont invités à dîner, autant que je me rappelle.

LAGIMEL

J'aimerais mieux lui dire un mot avant.

HICKORY

Attendez alors. (*Un silence. — Regardant les houseaux poudreux de Lagimel.*) La marche a été dure ?

LAGIMEL

Oui. Si encore ça servait à quelque chose, de claquer les hommes ainsi.

HICKORY

Ils ne semblent pas si malheureux. J'entendais une chanson de marche, tout à l'heure, qui ne sonnait pas trop tristement.

LAGIMEL

On ne peut pas chanter toujours l'*Internationale.*

(*Un temps.*)

HICKORY

Vous n'êtes pas très militaire, alors ?

LAGIMEL

Moi ? Je suis officier de réserve. C'est pas grand'-chose, allez, et ils ne perdent pas d'occasions de nous le faire sentir, les chers camarades de l'active, depuis le commandant de corps d'armée, à la critique, jusqu'aux petits Saint-Cyriens frais émoulus de jésuitières. Quant à l'armée... Vous êtes étranger, n'est-ce pas, Monsieur ?

HICKORY

Oui, Américain !

LAGIMEL

Je pensais bien. C'est un philosophe de chez vous, qui a dit que le militarisme c'était un fléau social, comme la corruption politique et la prostitution. C'est mon avis. Vous êtes étonné, hein ? De pareils principes, chez un camarade d'enfance de M. le comte de Champdieu, votre beau-frère — un homme si chic, si correct, si dans les bonnes idées !...

HICKORY

Peut-on savoir votre nom ?

LAGIMEL

Vous avez reçu une lettre ces jours-ci... mardi, précisons.

HICKORY

Que vous importe ?

LAGIMEL

En avez-vous fait votre profit au moins ? (*Mouvement d'Hickory.*) Oui, vous l'avez « méprisée ». C'est entendu, comme vous en méprisez l'auteur, ici présent, qui avait oublié de signer...

HICKORY

Vous ?

LAGIMEL

Mais oui, moi. Je le sais trop bien que ma signature aurait ôté du poids à mes nouvelles, au lieu de leur en donner.

HICKORY

Et cette signature ?

LAGIMEL

Ernest Lagimel.

HICKORY

Ah !

LAGIMEL

Ce nom historique ne paraît pas vous émouvoir. Je suis le frère de la fille que M. le comte Philippe a mise sur le pavé de Paris... Militarisme d'un côté, prostitution de l'autre. La société a des tares, ma famille se les partage. C'est même tout ce que la société nous a jamais donné à partager. On n'est pas fier.

HICKORY

Que voulez-vous à mon beau-frère ?

LAGIMEL

Un entretien de quelques minutes. Une petite explication. C'est mon droit, peut-être ?

HICKORY, grave.

C'est votre droit.

LAGIMEL

On dirait que vous me donnez mon droit au bout d'une paire de pincettes. Je croyais qu'on jouissait de l'égalité dans votre pays, monsieur le démocrate, et que ça n'était pas une farce comme ici.

HICKORY

L'égalité, ce n'est pas tout de l'avoir... il faut encore la digérer.

LAGIMEL

Vous voulez dire que la France en claque... Pour un mot d'aristo !... C'est-il parce que votre sœur s'est mariée dans la noblesse ?... Dame ! après des phrases comme ça... si c'est vous l'Amérique...

HICKORY

Si c'est vous la France...

LAGIMEL

Comédiens rasés de la liberté et de la fraternité !

HICKORY

Des galons brillants, des boutons d'or, une arme au flanc...

LAGIMEL, tapant sur son étui à revolver.

Et une vraie, citoyen... C'est pas des cigarettes.

HICKORY

Et là-dessous... Vous.

LAGIMEL

Oui, moi. Finissez donc votre pensée, dites-le que toute livrée fait un laquais. Je le sais bien. Mais je l'étais avant, moi, Monsieur. Je suis né laquais. Laquais floué. Oui, on est un peuple de laquais floués. Il y a cent cinquante ans, un des nôtres, le valet d'une vieille dame qu'avait des passions, se met dans la littérature, il écrit *le Contrat social*. Puis vient Figaro, un autre valet. Il y a beaucoup de domestiques dans ç't histoire. Et il dit des choses fortes, qui font dresser l'oreille. Ça y est, on se met à grouiller... On croit que c'est arrivé. On prend la Bastoche. Et on gueule et on guillotine. Avec Marat, ex-palefrenier et dictateur, c'est notre apothéose ! Fini de porter les fainéants de ci-devant poudrés ! Et on part à travers l'Europe, un chiffon tricolore planté à nos bâtons de chaise ! Et l'Europe en bave, tu m'entends, citoyen ! Qu'est-ce qu'il leur faut de plus à des Français ! Ah ! Français, Francimuches, mes frères, pendant qu'on faisait les jolis cœurs et qu'on pinçait les bourgeoises de Vienne à Rotterdam… un petit Corsico s'est mis dans nos meubles et voilà quinze ans de tuerie qui tombent. Au moins, après on se reposera ? Va te faire fiche ! On revient, avec toutes ces campagnes dans les jambes, et qu'est-ce qu'on trouve ? Le bourgeois qu'a pris les places… On a travaillé pour le roi de Prusse, et pour le proprio. C'est nos deux maîtres ! Et, si on avait envie de venir pleurer sur la Bastille démolie, comme les Juifs sur les ruines du Temple à Jérusalem, on trouverait une colonne, et dessus le Génie de la Liberté, un génie tout nu, comme nous et qui fout le camp, comme elle !

HICKORY

Hooray ! Très bien ! Nos démagogues ne sont nulle part à côté de vous. C'est bien dit… mais qu'est-ce que vous faites ?

LAGIMEL

Ce qu'on peut faire ? Mais rien… Serrer les poings et les dents de rage dans la boue que vous jettent leurs autos volées qui passent… oui, volées, à nous !… Ah ! les en descendre une bonne fois !

HICKORY

Pourquoi ne pas travailler pour avoir un jour la vôtre ?

LAGIMEL

C'est vrai ce que vous dites : il reste les émissions financières. Mais n'est pas escroc qui veut.

HICKORY

Sans être escroc...

LAGIMEL

Jamais sans être escroc, Monsieur, sans être escroc, rien, nib, la peau. Les lois, les intérêts, tout est armé contre l'honnêteté, la pauvreté laborieuse et ces blagues. Et la politique, blague suprême. Porter déjà sur son dos la noblesse, le capital, l'armée, dans toute la force du terme (*Il montre son uniforme.*), et percher sur le haut de ce sac épatant la gamelle sonore et sans fond où viennent se gaver nos politiciens !... Non, c'est trop !

HICKORY

Mais il me semble que comme sonorité et manque de fond... Vous, par exemple...

LAGIMEL

Moi ? Faites pas d'esprit là-dessus... Pas de ce pain-là, mon prince... Enfin... qui sait comment on finira !... Laquais une fois... Quinze mille, c'est des gages... Mais l'argent, pour bibi, ça passe au second plan.

HICKORY

Ce n'est pas ce que vous venez chercher ici ?

LAGIMEL

Non. Ou du moins...

HICKORY

Ni le scandale ?

LAGIMEL, haussant une épaule.

Mais non.

HICKORY

Alors quoi ? Pourquoi votre présence, pourquoi vos discours, pourquoi cette lettre anonyme ?

LAGIMEL

Voilà. Je n'aime pas le beau Philippe. C'est une vieille histoire. Ces gens-là nous ont tout pris. On a été au collège ensemble... Vous ne savez pas ce que c'est d'être élevé par charité. En toutes choses, j'ai souffert d'être opprimé par sa supériorité... Mais je saurai faire taire mes amertumes personnelles. Non, c'est sa caste que je hais, ces parasites d'en haut qui ne savent rien faire de leur argent qu'ils n'ont pas gagné, de leur temps qu'ils ne peuvent pas tuer... Et quand cela en vient à débaucher nos femmes ! Non ! je veux lui dire ça... lui jeter ses bienfaits à la face... oh ! en douceur, soyez tranquille. La colère me monte au nez parfois, mais un domestique, ça doit se dominer. Tout de même, être un inutile, c'est tolérable, mais un semeur de honte et de désespoir, un suborneur au-dessus des lois... Que je lui dise au moins ce que j'en pense ! Sa femme va le quitter, j'espère...

HICKORY

Vous ne désirez voir que lui ?

LAGIMEL

Bien sûr. Quoique la Marquise mériterait bien son paquet aussi. Mais lui me suffira.

HICKORY

Vous partirez ensuite.

LAGIMEL

Si vous croyez que j'en tiens pour ce gîte... Je coucherai au village. Le réveil est à l'aube...

HICKORY

Dans une demi-heure vous trouverez mon beau-frère ici. Est-ce trop vous demander en attendant de faire un tour dans le parc ?

LAGIMEL

Je vais saluer mes parents à la ferme. Si vous ne voulez pas qu'on me voie au château, faites que le monsieur soit là.

HICKORY

Il le doit. Il viendra.

(Lagimel sort.)

HICKORY

Joli modèle... Et c'est la même race qui a produit un Saint-Venant... Que va-t-il faire ? Que peut-il faire ? Tant pis. Un éclat ne peut que servir la liberté de

Belle... et que ce soient des idées de puritain ou non, l'autre doit être puni. Il faut que l'entrevue se passe ici... Avant tout, soustraire Belle à la rencontre de cet homme... J'irai chercher Philippe à la mairie, il doit y être pour les logements... il l'a dit au déjeuner... (*Au moment de sortir, il hésite.*) Non... du danger, il n'y en a pas... C'est un haineux, mais un lâche. Et puis, si c'est pour sa justice, que Dieu se serve du bras qui lui plaît.

(Il sort.)

SCÈNE VII

SAINT-VENANT, BELLE

(Après un instant, paraît Saint-Venant à la porte du parc. Il regarde dans la pièce et fait un signe à quelqu'un au dehors. Belle apparaît.)

SAINT-VENANT

Personne !... Venez... Mais qu'est devenu votre frère ?

BELLE

Enfin ! Un coin pour causer à l'aise, loin de cette maison envahie de soldats... Peu importe Douglas...

SAINT-VENANT

Ah ! C'est devant lui que j'aurais voulu cette explication.

BELLE

C'est cela... La suite de votre tactique de tous ces

jours-ci... Vous évitez systématiquement de vous trouver avec moi... Vous m'abandonnez à ma tristesse... Vous consommez ma solitude et mon désespoir.

SAINT-VENANT

Ah! mon amie, mon enfant, quelles paroles...

BELLE

Eh bien! j'en ai assez. L'épreuve est trop forte. Plus vous êtes éloigné, plus vous avez été cruel, mieux j'ai senti le prix de votre affection, le peu que j'étais sans elle. Il me faut quelqu'un à rendre heureux. Je sens que j'ai du bonheur à donner, du bonheur qui en vaut la peine.

SAINT-VENANT, machinalement.

Du bonheur qui en vaut la peine!

BELLE, des larmes dans la voix.

Je n'ai pas suffi à la joie de l'homme que j'aimai le premier... je reste les mains pleines... et le cœur débordant... Aymar, nous étions promis l'un à l'autre dès toujours... puis nous avons été une seconde fois fiancés par la souffrance... Nos cœurs s'appartiennent désormais, nos cœurs moins exigeants, moins orgueilleux devant la vie. L'amour guérira les blessures de l'amour.

SAINT-VENANT, la contemplant avec adoration.

C'est vous qui parlez!...

BELLE

C'est moi !...

SAINT-VENANT

Tomber à genoux ? baiser votre robe ? qu'inventer pour vous dire ma reconnaissance ? Si la vie me gardait cette minute-là, c'est bien, elle était bonne, ses douleurs étaient justes, je leur dis merci... comme à vous...

BELLE

Ne me dites pas merci... c'est moi qui vous le crie... mon seul ami !... J'avais peur que le départ, l'exil vous fissent hésiter, attaché comme vous l'êtes... Nous serons heureux.

SAINT-VENANT

Heureux, dites-vous ? Belle, heureux ! Hélas ! mon bonheur a tenu dans l'éclair de votre aveu... Il est déjà mort... ah ! pardon !...

BELLE

Est-ce que j'entends bien ? A quels fantômes disputez-vous le droit de vivre et d'aimer ? Sont-ils plus forts que le remords ?

SAINT-VENANT

Le remords ?

BELLE

... Oui, le remords de sacrifier une seconde fois un être tout saignant d'une première blessure... comme une bête à demi morte qu'on revient achever ?

SAINT-VENANT

Non... Belle, pas cela, pas de ces mots-là. Je vous aime. Vous voyez, je le dis, ce que je devrais taire, ce que je ne puis plus ne pas vous dire!... Alors l'idée que, moi, je vous sacrifie, que vous souffrez par moi, cela est atroce, immérité, si monstrueux que... Non, n'est-ce pas, vous ne me reprochez pas cela?...

BELLE, pitoyable mais se contenant.

Je ne vous reproche rien, soit, ami... j'ai eu des mots égoïstes dont j'ai honte... j'aurais dû apprendre mieux à votre école. Vous ne voulez pas que je souffre... je vous veux heureux... qu'allons-nous faire ?

SAINT-VENANT

Ah! Pourquoi ne puis-je pas vous dire : Oui, partir, comme vous m'y conviez, comme vous daignez... Partir pour un pays choisi qui ne serait jamais l'exil, y vivre près de vous, y travailler dans le parfum de votre présence, oublier le reste, ce que j'honorais, ce que j'entourais d'un culte aveugle!... Aveugle... Ah! c'est pour cela que ce devoir qui m'arrête m'apparaît si despotique. Il est à l'épreuve des arguments, toutes les logiques du monde s'émoussent contre son granit. Il broie mon cœur, il défie ma raison... Il bloque la route du bonheur... Pourquoi aurais-je le bonheur ?

BELLE

Vous avez peur du bonheur.

SAINT-VENANT

Oui... Il marche devant nous... On ne connaît pas
son visage.

BELLE

Vous ne l'avez jamais appelé assez haut.

SAINT-VENANT

C'est vrai.

BELLE

Vous avez peur... On vous a pétri l'âme et la
chair depuis deux mille ans, vous et les vôtres, de
la peur du bonheur. C'est un dieu jaloux, vous ont
dit vos maîtres, jaloux, comme l'autre... C'est hideux
qu'un Dieu soit jaloux... Et pourtant toute la terre
est sombre, toutes les âmes sont terrifiées, qu'elles
le sachent ou non, par la jalousie de Dieu. C'est elle
qui a donné à vos âmes ce pli funeste du sacrifice,
qui a fait de vous des maniaques de l'immolation
quand il s'agit de consciences comme la vôtre... ou
des pourceaux quand il s'agit de révoltés vulgaires...
Et entre les deux roule la tourbe des lâches et des
hypocrites... Quel bilan... Je vous choque...

SAINT-VENANT

C'est telle que je vous aime.

BELLE

Vous ne m'aimez pas... Vous me préférez l'obscure
volupté de votre souffrance.

SAINT-VENANT

Je ne préfère pas, je ne suis pas le maître. Les maîtres, les voici.

(Il montre la Généalogie.)

BELLE

Les morts !

SAINT-VENANT

Je vous aime plus que ma vie, mais la mort est plus forte. Le passé me tient.

BELLE

Et pour lui, vous volez l'avenir... Car enfin c'est lui qui nous appelle, c'est lui qui nous crie : « La passion de l'homme est sacrée comme son devoir. »

(Elle aperçoit Philippe entré sans être entendu pendant les derniers mots qu'elle vient de prononcer.)

SCÈNE VIII

Les mêmes, PHILIPPE

SAINT-VENANT

Philippe !

BELLE, un moment interdite, puis prenant son parti.

Voici au moins quelqu'un qui me comprendra ! Je disais, Philippe, que la passion est aussi sacrée que le devoir.

PHILIPPE, souriant.

Simplement ! (*Attendri.*) Ah !... Belle ! vous !... je

savais bien que j'avais raison de compter sur votre
intelligence et qu'elle serait généreuse !... A moins
que ce ne soit une épreuve ou un jeu.

BELLE, surexcitée, avec une gaieté feinte.

Non, je vous le jure. Il faut même m'aider à convaincre M. de Saint-Venant.

PHILIPPE

Mais je croyais que c'était lui...

BELLE

C'est vrai, il m'a mise en selle ! mais ma logique
s'est emballée et il faut décider sa sagesse à la rattraper... à la cravache !

PHILIPPE

Cher père !

BELLE

Ne vous attendrissez pas... Si vous l'aviez entendu
tout à l'heure, il vous trahissait...

SAINT-VENANT

Belle !

BELLE, ironique.

Sans le vouloir, mais totalement... Que l'amour
soit un esclave, un paria, sans droits, sans libertés,
sans joies, c'est possible, j'étais même assez près de
m'en douter, mais je plaidais pour lui tout de même
et je compte sur vous, Philippe, pour m'aider...

SAINT-VENANT

Où voulez-vous en venir, Belle ?

PHILIPPE

Vous aider ?...

BELLE

Oui, parlez, qu'avez-vous à dire, pour la cause ?...

PHILIPPE. Son sourire semble jouer avec ses arguments.

Il y en a trop... Je ne sais plus... Pourtant, si vous y tenez... Eh bien ! je pense du fond de mon être, lucidement à présent, comme je le sentais obscurément naguère, je pense, puisque vous voulez que je vous livre le résultat de mes réflexions, que cette grande force élémentaire, l'amour, enrichie de toutes les conquêtes, de tous les trophées, peut-on dire, des campagnes de l'homme contre l'énigme et la nuit, cet instinct formidable qu'on a essayé de nous faire croire abject parce qu'on avait peur que nous l'adorions, je pense que l'amour ne peut demeurer qu'un moment de son histoire prisonnier d'une convention ou d'un sacrement.

SAINT-VENANT

Il a toujours eu un devoir au-dessus de lui depuis que l'homme est l'homme, voyons !

BELLE

Laissez-le parler...

PHILIPPE

Vous dites vrai, et cela fut juste à son heure. En disant « juste », j'entends utile, favorable à la cité

naissante. L'union consacrée, de manière ou d'autre,
d'un couple, ce qui est devenu ensuite le mariage
(j'ai l'air de faire un cours de sociologie)...

BELLE

Allez, je vous en prie! je ne suis pas une voisine
de dîner dans le Faubourg.

PHILIPPE

Dieu merci! Oui, le mariage. La nature, il semble,
n'avait trouvé rien de mieux pour protéger la race
en la personne de l'enfant, car l'enfant, tout revient
là... Mais qu'un tel expédient, valable pour le développement d'une tribu faible, menacée par tant d'ennemis, à peine sortie de l'animalité, que cet expédient
fasse toujours peser une tyrannie sur les fils d'une
race puissante, au pullulement désormais assuré,
voilà qui est impossible! Savoir cela, comprendre
cela... c'est posséder une indulgence souveraine,
digne de vous deux!

BELLE, attentive.

Oui, oui, continuez!...

PHILIPPE

Je le crois fermement: l'amour a fini sa besogne,
sa tâche... il a peuplé l'univers. C'est son septième
jour... Qu'il contemple son œuvre, sans pleurer s'il
le peut, et que, pour s'en consoler, il se joue de la
musique à lui-même! Qu'il devienne sa propre fin...

Qu'il soit un art! Donnez-lui la liberté, le loisir, quel idéal sublime n'inventerait-il pas par delà vos mesquines morales!... Belle! Belle! vous qui aimez les beaux horizons, l'audace des beaux espoirs, les échappées à toute bride vers l'avenir... comprenez-vous?

BELLE, qui peu à peu a quitté son air d'ironie pour suivre ses paroles, subjuguée par l'ancien amour.

J'écoute surtout. Parle encore...

SAINT-VENANT

Non, malheureux enfant, tais-toi! Et ceux qui souffrent?...

PHILIPPE

Leurs fils souffriront moins parce qu'ils auront compris! Oui, tout de moi se révolte contre cette nécessité fatale : faire souffrir. Pourtant, quelle folie de croire que nous pourrions épargner qui que ce soit! Le moindre de nos gestes est un massacre. Des êtres par milliers meurent d'un battement de nos cils!

SAINT-VENANT

Mais sais-tu ce qui te menace? Es-tu prêt à souffrir toi-même?

PHILIPPE

Certes! On se sentirait trop vil! J'appelle la souffrance.

BELLE

Lui... souffrir?...

SAINT-VENANT

Tu n'as pas appris...

PHILIPPE

Quel misérable aventureux me croyez-vous donc ?
C'est au delà du bonheur que je vais.

SAINT-VENANT

Il ne faut pas que tu souffres ! Plutôt moi que vous
deux !

BELLE, gagnée aussi par l'attendrissement.

Pour que tu souffres moins, ne dois-je pas te
suivre ?...

PHILIPPE

Bien-aimée ! bien-aimée ! Ah ! je n'en veux plus
de ton sacrifice, maintenant que tu l'as dit, le mot
héroïque, digne de toi ! Je veux que notre amour
soit assez grand pour contenir désormais nos deux
libertés. Mon cœur, au prix de tout ce qu'il pourra
souffrir, te rend la tienne.

BELLE

Libre ? Moi ? Je ne sais plus seulement ce que le
mot veut dire. J'ai cru le savoir un instant... j'ai
voulu m'appartenir... Mais il a suffi du son de ta
voix, du frémissement de ta bouche. Voilà des arguments !... Ils valent toutes les raisons, tous les pauvres mots... Une femme libre, je ne serai pas ce
monstre ! Je n'ai qu'une liberté, c'est d'appartenir à

un seul. Que la liberté me pardonne (*Regardant Saint-Venant.*) et aussi le bonheur... Ah ! comme je me suis démentie, parjurée, vis-à-vis de l'une et... (*Posant sa main sur le bras de Saint-Venant.*) de l'autre. Je devrais avoir honte.

SAINT-VENANT

Cela est bien, Belle. Il faut l'aimer.

LAGIMEL, passant la tête par la fenêtre du balcon extérieur d'où il a entendu la scène. Le doigt tendu vers Philippe.

Assez enfin ! Ah ! Il faut l'aimer. Moi je dis : C'est autre chose qu'il te faut, joli cœur !

BELLE

Qu'est-ce que cet homme ?

SAINT-VENANT

Lagimel !...

PHILIPPE

Jacques...

LAGIMEL

Il y a trop longtemps que j'écoute.

PHILIPPE

Aux portes ?

LAGIMEL

Aux fenêtres aussi. Habitude d'office. On n'est pas des princes. J'avais des choses à dire à M. le Comte, entre quat'z-yeux. Mais je n'ai pas la patience d'attendre... je bouillais là à l'entendre, l'oiseau bleu, chanter la romance à mesdames... Et les deux autres hypnotisés... à en oublier qu'ils voulaient se consoler ensemble, il n'y a pas encore vingt minutes.

PHILIPPE, bondissant vers la fenêtre.

Ignoble drôle ! Je vous jette dans la douve.

LAGIMEL, tirant son revolver.

Pas de ça, monsieur le Comte, ou je tire.
(Philippe fait mine de continuer.)

BELLE, se jetant devant son mari.

Philippe, par pitié pour moi, ne bouge pas ! Vois, je te tiens... tu m'exposes !...
(Philippe demeure immobile.)

LAGIMEL, baissant son revolver.

A la bonne heure ! On aime bien se faire obéir une fois par hasard, quand on a été sonné toute sa vie.

PHILIPPE

Drôle ! Savez-vous à quoi vous vous exposez ?

LAGIMEL

Parfaitement... Attentat passionnel, champion de l'honneur d'une famille modeste, mais travailleuse et pure... C'est couru... Pas un jury qui ne m'acquitterait.

SAINT-VENANT

Cette scène est monstrueuse. Épargnez une femme.

LAGIMEL

Dites-lui donc, à celui-là, d'épargner les femmes,

à commencer par la sienne. Je l'écoutais tout à l'heure et je pensais au service que je rendrais à l'humanité en l'abattant, ce voleur de repos et d'honneur, ce fléau de foyers honnêtes, ce miroir à donzelles. Elles ont du goût ? Il y en avait une... J'aime mieux ne pas penser à ça... la crosse de mon revolver me brûle la paume...

PHILIPPE, se dégageant de l'étreinte de sa femme, crie à Saint-Venant.

Retenez-la !

BELLE, que maintient Saint-Venant.

Philippe !

PHILIPPE

Tire donc maintenant, lâche, brute, ose ! Je n'ai pas peur, pas même de la mort ignoble qui peut me venir de ton bras. Tire avant que je jette ta boue à la boue du fossé !...

(Il s'élance pour gravir l'appui de la fenêtre. Lagimel s'efface, tirant en même temps, presque involontairement. Philippe, atteint, porte la main à sa poitrine, pivote, recule de quelques pas et, mal soutenu par Belle et Saint-Venant qui se sont précipités, tombe le visage en avant sur l'in-folio ouvert que son sang inonde.

Le rideau tombe très vite).

ACTE III

Clairière dans la forêt de la Sainte-Baume. Hêtres séculaires, fontaine, grands rochers moussus. Au fond, au bord de la route invisible, un des petits oratoires ruinés élevés, au xvᵉ siècle, par Jean Ferrer, évêque d'Arles, pour marquer les stations du chemin de croix.

Le soleil tombe à travers les branches hautes. Philippe est étendu sur un lit de repos.

SCÈNE PREMIÈRE

PHILIPPE, BELLE

PHILIPPE, il parle d'une voix faible, mais claire, avec une sorte d'exaltation légère.

Non, Belle, ne rentrez pas à l'hôtellerie...

BELLE

Que faut-il faire encore, Philippe ?

PHILIPPE

C'est vrai. Vous avez tant fait pour moi depuis ces dix jours... que pourriez-vous faire de plus ? Si. Une chose. Restez un peu. Tout est si beau ce soir !... Est-il gentil, ce Lombre, de m'avoir fait porter à la Sainte-Baume ! Quelle paix, quelle splendeur !... Madeleine a eu raison. Il n'y a pas de lieu pareil au monde pour y pleurer un Dieu. (*Souriant.*) Parlons de choses éternelles. On peut tout se dire par un tel soir. Nous n'avons pas échangé une parole qui vaille depuis... l'aventure. C'est vrai que je délirais ?... Belle, à présent, je n'ai plus la fièvre. Je suis lucide, je suis prêt. Écoute : quand je ne serai plus...

BELLE, protestant.

Ah !

PHILIPPE

Chut ! bien-aimée. Laissez-moi parler, je ne suis pas très fort, il ne faut pas interrompre ni m'ôter mon courage. Belle, il faut que ce soit ainsi. Tout est bien. (*Nouveau mouvement de Belle.*) Oui, ma mère ?... je sais... Mais elle se retirera à Béthanie de Camargue. C'est entendu. Elle fera une abbesse très bien. La quinzième du nom. Tout ainsi, bien-aimée, est parfait, et si simple ! La vie, juste et clairvoyante, élit infailliblement ceux qu'elle préfère. (*Lentement.*) Il en est un parmi ceux-là plus digne de vous ?... (*Belle le regarde en face, va crier une protestation, puis soudain laisse tomber sa tête dans ses mains. Un temps. Il continue d'un ton singulier.*) Ah ! tu veux bien que je te le dise ! Tu es bonne. Tu veux bien me laisser espérer que tout ne sera pas fini pour toi, que ton cœur te reste... tu es jeune... il t'est dû beaucoup encore de la vie. (*Belle reste les yeux fixés devant elle, énigmatique,*

*mais violemment émue. La voix de Philippe s'altère,
contredisant la joie de ses paroles.*) N'est-ce pas ? j'ai
raison ? Tu es sincère. Ce n'est pas un jeu, ni seulement de la pitié pour mon pauvre amour de mori-
bond ?... Ah !... Merci...

(Belle, incapable de lutter contre l'émotion, éclate en
sanglots au moment où Lombre paraît. Elle fait signe
qu'elle ne veut pas se montrer et s'enfuit.)

SCÈNE II

LOMBRE, PHILIPPE

LOMBRE

J'espère que je ne mets pas en fuite Mme de Champdieu.

PHILIPPE

Lombre, venez. Venez ici...

(Il est agité et fébrile.)

LOMBRE

Qu'est-ce ? Voyons ! Vous allez encore vous donner
la fièvre. Je n'aime pas cela.

PHILIPPE, avec explosion.

Ah ! Ce n'est pas juste !

LOMBRE

Philippe, du calme, je vous en prie.

PHILIPPE

Ah ! Lombre, j'avais si bien pris mon parti de

mourir. (*L'ombre va parler.*) Ah ! non, pas de bana-
lités, je vous en prie. Je sais ce qui en est, n'est-ce
pas. J'acceptais. Je me sentais résigné, noblement
résigné — content de moi — ma sortie me paraissait
digne, élégante, comme il faut... Misère de nous !
Pauvres singes de héros que nous sommes ! Le fat
qui se disait : « Oui, je serai pleuré, une douleur
immense me restera fidèle. Du fond de la tombe je
la devinerai vigilante, enveloppant mon souvenir
comme d'un incorruptible linceul... » On n'est jamais
résigné à tout à fait mourir, voilà ! Et, tout à coup,
mon cœur touche un soupçon... quelque chose
d'inattendu et de glacé comme un serpent dans une
cave où l'on ramperait à tâtons... Comprenez-vous ?
Sentir soudain que ma perte n'est pas le deuil suprême pour l'être qui m'est le plus cher, qu'une
autre existence, dans d'autres bras, lui sourit comme
un espoir prochain, un rêve caressé peut-être. Ah !
c'est affreux, c'est dégradant... j'aurais honte si je
pouvais !... que c'est misérable un cœur d'homme !...
Mais cette amertume au bord de la dernière coupe...
je ne veux pas mourir avec ce goût-là aux lèvres !...
Qu'elle soit à un autre... oui... peut-être... on veut
bien, on se persuade au moins... qu'on veut plus
tard... plus tard... Mais à présent ? dans la joie de
lui et dans l'oubli de moi ? je ne peux pas ! Je me
hais, mais qu'est-ce que ça fait, puisque *je ne peux
pas ?* On a quelque chose dans les moelles qui

crie contre cela, quelque chose de vil, de bestial, de lâche, certes, mais quelque chose de plus fort que la mort, Lombre, puisque tout à l'heure j'étais prêt à la donner, ma vie, et qu'à présent... je reste là, plus grotesque qu'un histrion auquel on a coupé l'effet de son beau geste, mais saignant tout de même, car je souffre, Lombre, et je veux vivre pourtant, et je vais mal mourir !

LOMBRE

Mais non ! Vous réagissez ! Réagir, c'est souffrir, mais souffrir, c'est vivre ! Faire souffrir enfin, c'est vivre tout à fait. Et c'est sans doute ce que vous venez de prouver une fois de plus avant que j'arrive. Donnez, s'il vous convient, des noms de fétiches à l'élasticité de vos cellules et à l'allégresse de vos échanges, que m'importe ! l'essentiel est de *réagir*. Vous vivrez, Philippe, entendez-vous ! Je suis sûr à présent de ce que j'ai tardé si longtemps, par conscience professionnelle, à déclarer tout haut — vous vivrez !

PHILIPPE, d'un élan.

Ah ! je savais, je voulais ! (*Se ressaisissant.*) Pourtant, c'est vrai que j'étais prêt. Lombre, je n'ai pas menti.

LOMBRE

Non, c'est votre corps affaibli qui mentait à la vie. Si vous vouliez abdiquer, c'est que vous étiez à moitié mort. Le courage, l'espoir, l'héroïsme, Philippe, c'est un coefficient de globules rouges !

21

PHILIPPE

Non, est-ce possible ? Vivre !... Il faut me réhabituer à cette idée. (*Un temps.*) Soit ! Vivons !

LOMBRE

A la bonne heure !

PHILIPPE

Vivre ! (*Regardant autour de lui.*) C'est beau, tout cela, qui m'appartient encore, ce miracle d'univers qui m'est prêté pour encore un peu de temps ! Lombre, mon vieux, c'est vrai que la lumière est douce ! Ah ! se réadapter agilement au sort mobile... ô volupté... La vie ne me repousse donc pas ?... Je m'étais cru rejeté, maudit...

LOMBRE

Mystique incorrigible !...

PHILIPPE

Je me suis cru un monstre.

LOMBRE, sur un ton léger, mais s'amusant à mesure de son paradoxe.

Un monstre, dites-vous ? Mais la nature ne rejette pas les monstres, au contraire, elle n'est jamais lasse d'en inventer ! Les monstres, c'est le mouvement, c'est la vie (puisque le mouvement, cela se définit : une suite de ruptures d'équilibre !...). L'homme est le monstre d'un singe, le singe est le monstre d'un lézard, le lézard d'une éponge. Dans le monstre s'essaye l'éternel jeu des formes, perpétuellement éva-

dées d'elles-mêmes vers plus de joie et de durée. Le
monstre est sacré.

PHILIPPE

Bravo pour le monstre !

LOMBRE

Sa hideur ou sa souffrance en font le pur martyr
de l'innombrable expérience que poursuit la nature.
Le monstre, c'est demain. Il n'y a rien au-dessus de
demain. Il relève également de notre pitié et de
notre respect, car il succombe sous le lourd message de l'être et de la loi d'hier à l'être et à la loi
de demain. Qu'il parvienne seulement à le délivrer,
ce message, et les peuples l'acclameront, le monstre,
et il sera le héros !

PHILIPPE

Hurrah ! C'est-à-dire que la profession de monstre
est la seule possible et même avouable en ce siècle
falot...

LOMBRE

Philippe, soyez modeste.

PHILIPPE

Je n'en ai pas la moindre envie. On ne demande
pas ça à un ressuscité !

LOMBRE

Écoutez le froid diagnostic du savant, monsieur
le candidat monstre... Je vois en vous un simple cas

de polygamie aiguë. Cela est normal et logique. Juste réaction contre les chastetés ancestrales. Par conséquent, mon cher, je suis désolé, mais vous n'êtes pas un monstre du tout. Enfin, vous êtes jeune, la vie est devant vous, espérez !...

PHILIPPE

Je n'ai pas envie de désespérer, mais de marcher, de chanter, de rire ! J'ai envie de courir au-devant du pèlerinage.

LOMBRE

Restez tranquille. La procession passe par ici. Tenez, quelqu'un déjà !... Mais nous la connaissons.

PHILIPPE

Nicole !...

(Entre Mme de Rostanvel.)

NICOLE

Bonjour, Philippe... Enfin !... Si tu crois que rien au monde aurait pu m'empêcher de venir !... Quel drame, mon Dieu !... (*A Lombre.*) Monsieur, il est guéri, n'est-ce pas ?

LOMBRE, souriant.

Oui, Madame.

PHILIPPE

Il paraît, ma petite Nicole. C'est tout nouveau ! Mais quelle joie de te revoir, toi, en cette minute. (*Lombre s'esquive par le haut de la scène. Philippe lui crie :*) A tout à l'heure !

SCÈNE III

PHILIPPE, NICOLE

PHILIPPE

Toi, toi, en ce moment ! Il vient de me dire qu'il fallait vivre. Tous, ils m'ont dit cela, petite cousine.

NICOLE

J'espère bien !

PHILIPPE

Et j'avais tellement pris mon parti du contraire que maintenant c'est comme un rêve. Et pourtant, tu es là... Quelle forme plus délicieuse la vie pourrait-elle prendre pour me retenir ?

NICOLE

Ça, c'est gentil. J'ai laissé les autres avec la voiture, en bas. Il n'y a plus de place dans les remises à cause de tous les pèlerins. Je t'ai trouvé vite, hein ?

PHILIPPE

C'était enivrant, déjà, le soleil, les arbres, les bruyères, et ton charmant visage sortant de tout cela, ma Nicole, c'est presque trop.

(Il laisse aller sa tête en arrière.)

NICOLE, alarmée.

Philippe !

PHILIPPE

Ce n'est rien. Laisse-moi te voir...

NICOLE

Ils t'ont fait mal, mon Philippe ?

PHILIPPE

Une bête d'aventure... Tu as eu du chagrin ?

NICOLE

Oh ! oui. Plus que j'aurais dû, méchant cousin.

PHILIPPE

Et maintenant...

NICOLE

L'idée que tu vas vivre, guérir, me fait une joie délicieuse.

PHILIPPE

Tu as un peu d'amitié pour moi ?

NICOLE

Ton oreiller va glisser...

PHILIPPE

Dis oui, et je jette mes béquilles, mes oreillers, mes couvertures.

NICOLE

Certes oui, je ne dirai pas non. (*Philippe se lève d'un bond.*) Non, non, je ne dirai pas oui. Je ne voulais pas dire oui.

PHILIPPE

Trop tard.

NICOLE

Philippe, que fais-tu ? Quelle imprudence !...

PHILIPPE, debout.

Pas du tout ! Je me sens jeune et fort et indomptable — avec un peu de flou, pourtant, dans les jambes. Donne ton bras, Antigone, nous allons les surprendre là-bas. Le sentier est d'herbe douce, et je mettrai ma tête sur ton épaule quand je serai las — ou avant...

NICOLE, le soutenant.

Tu n'as pas trop de peine ? Prends garde à la ronce. Appuie-toi.

PHILIPPE, tendrement.

Je prends garde... Je m'appuie.

(Ils disparaissent enlacés. La scène reste vide un instant, puis entrent Douglas et Belle qui ont aperçu le couple s'éloignant.)

SCÈNE IV

BELLE, DOUGLAS

DOUGLAS

Belle, assieds-toi. Tu es si pâle... Ah ! je bous...

BELLE, se contenant.

Il n'y a rien d'inattendu là, Douglas. Il n'y a peut-être aucune raison de s'émouvoir de ce que nous avons vu. Un convalescent faisant ses premiers pas.

DOUGLAS

Belle, chaque pas de ce convalescent dans la vie

t'écrasera le cœur. Je ne peux pas penser à cela, te quitter sur cette certitude... (*Avec résolution.*) Le yacht est prêt, à deux heures d'ici. Ce n'est qu'une décision à prendre. Nous sautons dans l'auto et demain nous nous réveillons en pleine mer. Il faut que je parte ce soir en tout cas. Belle, reprenons notre bonne existence fraternelle et tendre, où nous étions si heureux...

BELLE, l'œil fixe.

En vérité, Douglas, je crois que je vais venir...

DOUGLAS

Chère, chère, quel bonheur !

BELLE, anxieusement.

Vraiment, tu seras content ? Tu es sûr ? Je te serai utile ?

DOUGLAS

Ce n'est pas à moi que je pense.

BELLE

Je partirai. Ah ! cela fait mal... Mais je ne peux pas, Douglas. J'ai cru que je pourrais rester, faire plus que le possible, me tenir si haut que rien ne m'atteignît... Ce n'était que de l'orgueil, je suis une femme, comme les autres, une pauvre créature blessée qui ne pense plus qu'à fuir, fuir, fuir !...

DOUGLAS

Nous oublierons le mauvais rêve. Tu connaîtras la fierté de n'appartenir qu'à soi...

BELLE

Fierté d'homme ! Je n'en aurais que faire. Dis plutôt que je m'en irai humblement traîner par le monde le boulet de la liberté. Te serai-je au moins bonne à quelque chose ?...

DOUGLAS

Nous ne nous quitterons jamais.

BELLE

Ah ! je n'aurais pas cru que je pourrais m'arracher...

DOUGLAS

Il le faut, Belle. Tout de suite. Ne revoir personne.

BELLE

Sa mère sera contente au fond. Lui... Ah ! je peux bien l'avouer, ce n'est pas seulement ce que je viens de voir, c'est ce qu'il me disait tout à l'heure encore, qui suffirait à me chasser. Il faisait don de moi à un autre, après lui... Quelle amertume ! à un autre ! Je suis sûre, à présent, qu'il ne m'a jamais aimée. Et malgré tout, je ne l'accuse pas...

DOUGLAS

Ne le mérite-t-il pas ? Que te faut-il ?

BELLE

Tu n'es qu'un puritain, Douglas. Tu ne comprends jamais, et tu juges toujours. Il n'y en a qu'un auquel il me coûte de ne pas dire adieu...

DOUGLAS

Pas même à lui, Belle. Il ne peut qu'amollir ton cœur aussi. Sur une page de ce bloc-notes, un mot, c'est tout...

BELLE

Partir ainsi...

DOUGLAS

Oui, vite, sans adieu, sans paroles. Il n'y a plus que les faits qui comptent. (*Il lui tend le bloc-notes.*) Écris. Ne réfléchis pas, n'hésite pas, je t'emporte, je te sauve.

> (Elle écrit quelques mots d'une main tremblante. Il prend le papier, le plie, le colle, écrit un nom, le jette sur le lit, et, prenant la main de sa sœur, va pour sortir, quand ils aperçoivent, entrant à droite, Saint-Venant.)

BELLE

Vous ?

SAINT-VENANT

Mais oui. Qu'est-ce donc, Belle ? Et Philippe ?

> (Il cherche avec inquiétude où peut être allé Philippe.)

BELLE, à son frère.

Il faudra bien dix minutes, avant que vous passiez avec l'auto, au bout du chemin de Nans. Là, en bas, n'est-ce pas ? Va seul, et j'entendrai ton signal. (*Hésitation de Douglas.*) Compte sur moi, mon frère. Il faut que je dise un mot au seul ami que je laisse ici.

DOUGLAS

Adieu, monsieur de Saint-Venant.

> (Il sort vite.)

SCÈNE V

SAINT-VENANT, BELLE

SAINT-VENANT

Belle, qu'arrive-t-il ?

BELLE

Voici : Je prends une résolution subite, brutale, nécessaire. Je pars. Mon frère m'a suppliée, je n'ai pas le courage de dire non.

SAINT-VENANT

Mais pourquoi, tout à coup ?

BELLE

Le hasard nous a montré... oh! rien... mais de quoi me révéler dans un éclair de vérité vraie, le fait cruel, le néant de tous mes projets orgueilleux, surhumains et stupides. Il m'a suffi de voir ses yeux regarder une autre femme. J'ai compris, j'ai vu devant moi l'affreuse vie qui m'attend. Je ne peux pas, je ne peux pas, malgré tout je ne peux pas.

SAINT-VENANT

Pour la première fois, depuis ces trois horribles semaines, me retrouver sans témoins devant vous, et apprendre cela ! Vous partez... C'est irrévocable ?...

BELLE, *nettement.*

Irrévocable... J'ai à vous demander pardon. J'ai dû

vous faire bien du mal, vous paraître si félonne et si lâche...

SAINT-VENANT

Vous n'avez été ni félonne ni lâche, Belle. L'amour vous a reprise. Vous avez été femme.

BELLE

J'ai pourtant bien sincèrement cru que je pourrais vous donner un peu de bonheur !...

SAINT-VENANT

Je l'ai repoussé une fois, ce don. J'ai eu cet affreux courage. Je croyais qu'il m'avait brisé pour toujours, mais j'ai réfléchi, moi aussi, j'ai changé depuis la secousse qui semble tous nous avoir révélés à nous-mêmes. On ne fait pas impunément une neuvaine pareille en tête-à-tête avec la mort, au fond de ce désert où on a tant pleuré d'amour. Belle, rien ne m'ôtera de l'esprit que Philippe lui-même a compris ce qui se passait en moi. Vous souvenez-vous du soir où l'étreinte de son délire semblait unir nos mains sur sa poitrine blessée ?...

BELLE

Aymar !... Je me rappelle. Et tout à l'heure... Mais assez là-dessus ! Vous me faites mal.

SAINT-VENANT

Laissez parler le condamné. Il est bon d'avouer, même sous le couteau. Si vous étiez restée sous ce toit, je me serais tu à jamais. Mais je ne peux pas vous voir partir sans ouvrir mon cœur, une fois, la dernière... Ah! Belle, si vous le permettiez, je vous dirais qu'à présent je vous aime d'un amour contre lequel rien ne peut prévaloir. Ah! d'un amour si vaste qu'il contient toute l'indulgence, toute la gratitude, toute l'humilité. Je le sais bien, que vous ne pourrez me le rendre pareil, après avoir aimé Philippe. Nous sommes deux vaincus, il m'a vaincu, moi aussi. Il a fait de moi cette chose douloureuse : le faux sage vieillissant qui s'aperçoit trop tard qu'il a méconnu la vraie sagesse. Ah! si vous me permettiez de vous le dire, que l'amour est tout, quel orsqu'on ne laisse pas derrière soi de vraies ruines, on a le droit, le devoir d'aller à lui, parce que, lui, c'est l'avenir qui nous somme...

BELLE

Taisez-vous !

SAINT-VENANT

Je vous dirais tout cela et que je suis prêt à vous suivre à présent, si vous daigniez seulement me faire signe. Tout le reste n'est rien que fantômes. Joignons nos solitudes. Nous les peuplerons de doux espoirs vivants, qui vous consoleront. Ils sont nos vrais maitres... Ce n'est pas les morts, comme je l'ai cru naguère... C'est eux. Ce n'est pas moi qui supplie... C'est eux...

BELLE

Aymar...

SAINT-VENANT

Vous me l'avez dit...

BELLE

Arrêtez, vos paroles me bouleversent, Aymar, et me déchirent. Je vous dirai tout — l'irréparable, malgré quoi je m'arrache d'ici. — Ah ! vous verrez bien que rien à présent ne pourrait m'y retenir. Je vais être... je suis... je ne peux plus douter... Ah! épargnez-moi.

SAINT-VENANT

Ah !

BELLE

Oui, je vous fais mal encore. C'est lâche, ma fuite. Mais, au moins, je pense que je l'aurai, mon enfant. C'est le seul amour qui me soit permis à présent. (*Avec une pitié subite.*) Pauvre Aymar ! Un jour vous l'aimerez... Ah! que je voudrais ne pas vous faire souffrir ! Il faut que je parte malgré tout. Ici, mon enfant, on me le prendrait, et il grandirait tristement à me voir trop souvent pleurer. Mon ami, vous êtes si pâle, vous me faites peur.

SAINT-VENANT, après un temps.

Je suis maître de moi, maintenant. Pardon. L'émotion a été rude. Il faut que vous oubliiez les paroles que l'exaltation de ce lieu dangereux, de cette nature complice, le trouble de cette heure et de cette surprise ont soulevées du fond de moi. Elles n'ont pas été dites, Belle.

BELLE

Mon ami... Elles m'ont été douces, ne les reprenez

pas. (*On entend le motif de l'ouverture du « Vaisseau fantôme » sur une trompe d'automobile lointaine.*) Mais il faut que je parte à présent...

SAINT-VENANT, faisant un effort héroïque pour rassembler ses idées.

Soit ! Allons !

(Ils vont pour sortir.)

BELLE

Est-ce bien la route ?

SAINT-VENANT, hésitant.

Pour aller au carrefour de Nans ?

BELLE

Oui.

SAINT-VENANT

C'est là que Douglas attend ?... Oui, c'est bien la route.

BELLE

Il me semblait que l'appel venait plutôt de cette direction. Entendez-vous ?

SAINT-VENANT

Non, Belle, prenons cette route, elle nous mène plus vite... où nous allons. Et puis, par là, quelqu'un vient, un groupe... Mais c'est Philippe.

BELLE

Dieu ! ne pas le revoir surtout !

SAINT-VENANT

Par ici.

(Ils sortent comme entre Philippe, soutenu par un marin et Lombre.)

SCÈNE VI

LOMBRE, PHILIPPE

LOMBRE

Il est étonnant de vigueur relative... J'avoue que, lorsque j'ai vu arriver Mme de Rostanvel, essoufflée, en me disant qu'elle vous avait laissé sous le grand orme, et que vous aviez eu une défaillance... Elle était affolée, et j'ai eu un moment d'inquiétude. Heureusement, Simpson était là. Nous avons couru. (*Il s'éponge.*) Comment ça va ?

PHILIPPE

Ce n'était rien. Nous avons fait quelques pas. En réalité, ça m'a régénéré. Quelle soirée ! Non, pas sur le lit... J'en ai assez d'être couché... Là, sur la mousse.

LOMBRE

Est-ce bien ?

(On l'accote à un arbre, le marin sort.)

PHILIPPE

Je n'ai plus envie que de rester là jusqu'au soir. Où donc est Belle ?

LOMBRE

Voici un billet pour vous sur le lit. Je crois que c'est précisément l'écriture de Mme de Champdieu.

(Il lui tend le billet.)

PHILIPPE

C'est curieux. (*Il lit.*) Dieu !

(Il fait le geste de se lever.)

LOMBRE, se baissant vers Philippe.

Qu'y a-t-il, mon cher, puis-je être utile ?

PHILIPPE

Belle est partie.

LOMBRE

Partie !

PHILIPPE

Oui, pour toujours.

LOMBRE

C'est impossible. Dans son état ?

PHILIPPE

Que dites-vous ?

LOMBRE

Eh bien ! elle est enceinte ! je croyais que vous saviez...

PHILIPPE

Non. Et elle part ! Ah ! vous auriez bien pu me laisser mourir... J'ai détruit une vie... Elle valait cent fois la mienne... (*Se ressaisissant.*) Mais il ne faut pas que cela arrive... Mon père, où est-il ? Il en est

22

temps encore, il arrêtera ce départ !... Elle l'écoutera !... Belle... un enfant... Lombre, ils passeront par la route de Nans... Allez... vous... Il n'y a pas le temps de chercher mon père... ou plutôt, oui, envoyez Simpson à l'hôtellerie... Il l'y trouvera sans doute... Qu'il le prie de venir ici... Il n'y a pas une seconde à perdre... Allez... Dites-lui ce qu'il faut dire... que je suis à elle, à elle seule, que je lui donne ma vie... ma liberté... toute ma liberté... Ah ! c'est me tuer encore pour elle, mais mieux !... Vite... (*Impérieusement.*) Partez !...

(Lombre sort rapidement.)

PHILIPPE, titubant, se dresse sur ses pieds et reste appuyé au tronc d'un chêne.

Cela, c'est la blessure mortelle. C'est de cela qu'il faut mourir... Ne plus la voir... Se dire qu'elle s'est demandé : « Faut-il partir, l'abandonner, emporter son enfant !... » et qu'elle s'est répondu : « Oui »... Chair de ma chair, qui te déchires !... Et ce mot, atrocement douloureux, laissant tout craindre... Oh ! en finir moi-même... M'étendre, arracher ces bandes... Un peu d'air entré dans la plaie, Lombre l'a dit, cela suffirait... Quelle tentation !... quel vertige !... Non... il ne faut pas que je vive... Vouloir vivre, ce n'est que vouloir souiller, tuer, torturer. (*Il prend le papier et griffonne un mot.*) Voilà qui est fait. (*Il va vers le lit, y met un genou.*) Ce sera très facile, très rapide...

Je ne veux pas regarder les choses... Allons, il faut en finir.

(Il commence d'arracher son pansement.)

LA VOIX DE LA MARQUISE

Philippe !

PHILIPPE

On m'a appelé...

LA VOIX DE LA MARQUISE

Philippe !

PHILIPPE

Ma mère !...

SCÈNE VII

LA MARQUISE, entrant très vite, suivie de Belle qu'elle tient par la main.

Tu es là ?... Comment es-tu ? Bien ? Tu me jures ? Si pâle ! Pourquoi ta poitrine découverte ?... Mon Philippe... écoute. Voici Belle, oui, Belle.

PHILIPPE

Pourquoi est-elle revenue !

BELLE

On m'a fait rencontrer votre mère. Elle m'a menacée de se jeter devant l'automobile si je ne vous disais pas moi-même adieu. Me voici, Philippe, adieu donc !

LA MARQUISE

N'avez-vous donc rien de plus à lui dire ?

BELLE

Rien. Je vous ai bien aimé. Adieu !

LA MARQUISE

Elle fait bien de dire adieu deux fois, Philippe. Ce n'est pas seule qu'elle part.

PHILIPPE

Quoi ? Qu'entendez-vous ?...

LA MARQUISE

Non pas cela. C'est un Champdieu qu'elle emporte, Philippe ! Elle est grosse de toi !

PHILIPPE, douloureusement.

Belle !

LA MARQUISE

Et elle part !

BELLE, sur la défensive.

Mon enfant est à moi ! Je n'ai que cela au monde. Vous n'allez pas me le prendre aussi.

PHILIPPE, avec un attendrissement infini.

Belle ! Belle !

BELLE, à la marquise.

Vous gardez Philippe. N'est-ce point assez ? Vous m'avez déjà pris une vie — la mienne, brisée, finie à jamais. Laissez-moi celle-là. Elle m'appartient. Nous sommes quittes,

LA MARQUISE

Quittes! Qu'est-ce que ce mot-là? Sommes-nous
des gens qui achètent et qui vendent?

BELLE

Vous voulez m'humilier. Soit! J'aime mieux cela.
Écoutez-moi : Acheter et vendre, c'est indigne de
vous. Voler, à la bonne heure! C'est le vrai droit de
seigneurie. Vous voulez me le voler, mon bien. Mais
je l'ai payé, moi, de mon sang et de mes larmes, et
du meilleur de ma vie. Il est à moi.

LA MARQUISE

En êtes-vous sûre? Vous parlez de voler... Puisque
nous en sommes à ce vocabulaire aimable, qui est-ce
qui vole ici? Voler un être à une famille, à une société, à une patrie, n'est-ce donc rien?

BELLE

Je ne le vole pas, je le sauve.

LA MARQUISE

Allons donc! Des mots! Dites que vous vous sau-
vez, tout au plus. Ah! c'est lâche. Qu'une bohémienne,
une fille engrossée par un passant au bord d'une
route, se comporte ainsi, soit, mais... pas nous. Cela
ne se fait pas, cela ne se peut pas... Ah! ne parlons-
nous pas le même langage? Est-il possible que vous
ne voyiez pas le devoir qui vous barre la route!...

BELLE

Mon devoir à moi me la montre...

LA MARQUISE

Peuh ! Égoïsme, peur de souffrir, nous ne nommons pas cela devoir, ici.

BELLE, avec une ironie douloureuse.

J'ai peur de souffrir, c'est vrai. Peur pour deux à présent, ma mère. Certes, vous avez raison de me taxer d'égoïsme : mon enfant est-il donc autre chose que moi ?

LA MARQUISE

Si, *nous*. Il est nous. Nous, tout ceci, ces arbres, la terre sous vos pieds qui fuient, les grands pays qu'on voit de là-haut et qui s'appellent comme nous.

BELLE

Leurs ruines, peut-être... Les ruines seules ont gardé votre nom. Et c'est loin des ruines que l'avenir m'ordonne de l'emporter avec moi. Quand un être qui vaut étouffe dans une caste qui a cessé de valoir, son devoir est de s'affranchir, dût-il déchirer son cœur, et sa mère lui doit son aide, dût-elle le déchirer cent fois, son cœur à elle. Et cela, dès avant le berceau. Ainsi je dois, ainsi je fais. Ah ! ces mots vous étonnent ; en ce pays, une mère n'a jamais su qu'appesantir les jougs et ravaler les audaces. J'ai d'autres façons de comprendre et d'agir. Mon enfant sera libre.

LA MARQUISE

Qui vous parle de l'asservir ?

BELLE

Tout, ici. Tout ce que vous venez de nommer. Ce passé accablant d'abord, dont j'ai senti la magie, dont je sens le péril à présent, et que, les mains sur les yeux, je fuis ! Chez nous, le passé, on s'en passe. Mon enfant ne me reprochera jamais au moins la liberté. Et je la lui donnerai entière, comme je vous la rends, Philippe, fût-ce au même prix : mon bonheur. Mais, cette fois-là, je n'aurai plus comme aujourd'hui ma jeunesse à y ajouter. (*Sa voix s'emplit de larmes.*) Vous aurez eu, malgré tout, la meilleure part. Soyez content...

PHILIPPE, à Belle.

Ah ! tais-toi !...

LA MARQUISE, interrompant.

Belle, quand Philippe le pardonnerait, cet abandon, il y a un autre pardon que vous n'obtiendrez point : celui de l'être dont vous disposez, contre toute justice, pour des fins qu'il n'a point choisies. Votre jeunesse a souffert, dites-vous. Craignez que le refus de ce pardon-là n'empoisonne aussi votre vieillesse. Que direz-vous quand l'orphelin vous réclamera son héritage, l'exilé son pays, lorsqu'il vous dira, s'il n'a pas désappris tout à fait sa langue natale : « Je veux autre chose que votre argent, votre luxe de parvenus,

les joies de votre brutale chasse à l'or ; si c'est cela
que vous nommiez liberté, ramenez-moi à mes
chaînes. » Que direz-vous s'il vous renie, s'il vous
maudit, Belle ?

BELLE, interdite.

Je lui apprendrai à m'aimer. Il ne me dira pas
cela.

LA MARQUISE

Il vous le dira, notre sang n'est pas de ceux qu'on
noie si facilement dans des veines étrangères. Il est
impérieux et vivace. Il parlera. Je *sais* qu'il parlera,
et, s'il le fallait, je le somme de parler un jour, de
reprendre, par delà les années, le cri de ma colère,
la malédiction...

PHILIPPE

Mère ! arrêtez !...

LA MARQUISE, fléchissant.

Belle ! Ah ! je deviens folle, je ne sais plus. Ce
n'est pas de malédiction qu'il s'agit, mais de prière.
Je suis là qui vous supplie, comme votre enfan
vous suppliera un jour, voilà tout — mais lui, ce
serait trop tard. Pour moi aussi, c'est tard à mon âge
de supplier, mais je suis brisée... (*Touchant ses cheveux.*) Voyez comme j'ai vieilli pendant ces affreuses
semaines... Je vous ai fait mal, peut-être, mais je ne
vous ai jamais haïe, Belle, quoi que vous pensiez,
et, ce que vous m'avez pris de Philippe, voici que
vous me le rendez ! Comment ma tendresse pourrait-

elle encore être jalouse?... Car vous me le rendez, vous nous restez?... vous ne pouvez pas dire non...

BELLE

Je ne dis rien. Je ne me défends plus, je ne discute plus... Moi aussi, je prie! Laissez-moi partir! Je sens qu'il le faut, que l'absence seule peut me guérir. Je reviendrai ensuite, peut-être, mais pour le moment, je ne veux pas d'angoisses ni de doutes. Je me soustrais volontairement à une souffrance qui se répercuterait sur une autre vie que la mienne, à laquelle je me dois. Ayez pitié de moi! Quand un pauvre être traqué, aux abois, vous supplie de le laisser fuir... c'est facile pourtant... Est-ce vous, ma mère, est-ce vous, Philippe, à qui je manquerais donc tant? Ah! je n'aurais pas voulu d'amertume dans les dernières paroles que vous vous rappellerez de moi. Je n'en veux à personne... il ne faut pas garder un mauvais souvenir de l'étrangère qui a souffert et passé... Je ne regrette rien... Si, pourtant: de n'avoir pu partir sans toutes ces cruelles paroles... Tout ce qu'il y avait à dire, je vous le disais, Philippe, dans ce mot laissé là. Je l'y vois encore, ne l'avez-vous pas lu?

(La Marquise, suivant le regard de Belle, prend le billet.)

LA MARQUISE

Qu'est-ce?

PHILIPPE, l'écartant.

Ma mère, rien...

LA MARQUISE, lisant.

« Vous ne m'avez jamais aimée. Adieu. »

BELLE

Voilà tout.

LA MARQUISE

Non, ce n'est pas tout. Il y a autre chose... Ton écriture... (*Elle lit.*) Ah !... Il allait mourir ! mourir ! Entendez-vous, Belle ?

PHILIPPE

Ma mère, non, je ne veux pas... Silence, de grâce...

LA MARQUISE, avec un sursaut d'énergie.

Me taire ! ah ! non ! Voyez ! son adieu tracé sous le vôtre.

(Belle prend le papier, lit, et laisse retomber ses mains tandis que ses yeux s'emplissent de larmes.)

BELLE

Philippe, est-ce vrai ?

LA MARQUISE

Oui, nous aurions pu le trouver là. Là ! Horreur !... Ah ! je vous aurais tuée pour cela, il y a dix minutes... (*Subitement radoucie.*) Je ne savais pas. Je n'avais pas de fille encore... Et maintenant, Belle, regardez, je tombe à vos genoux !

BELLE

Ma mère, je vous en conjure...

LA MARQUISE

C'est moi qui conjure... Et Philippe allait mourir !
Pour vous ! Moi, qu'importait ? Il avait cru très vite
les contes de résignation et de cloître que je lui
avais faits, le voyant mourant et navré de mourir en
me désespérant. Je suis à genoux, Belle, moi, et Philippe allait mourir !... que faut-il de plus pour vous
croire aimée ? pour ne pas emporter le cher avenir
que vous êtes devenue et devant lequel, voyez, je
prie, heureuse d'humilier mon orgueil d'hier devant
cet orgueil de demain que vous me promettez, que
vous êtes, que vous ne nous prendrez pas ?

BELLE

Ma mère, Philippe... il le faut... taisez-vous.

PHILIPPE

Je n'ai pas dit une parole, Belle.

BELLE

Ah ! qu'attends-tu !...

(La Marquise se relève. Un silence.)

PHILIPPE, très grave.

Belle, ce n'est plus en mon nom que je parlerai.
Tout est changé autour de nous, quelque chose de
très doux et de très sacré a transformé toutes choses...
Tout abdique devant vous. Il n'y avait ici autrefois
qu'une mère (*Il montre la marquise.*) et qu'un enfant
(*Il se désigne lui-même.*) ; enfant et mère, c'est vous

désormais. Il ne restera sous ce toit qu'une aïeule (chère maman) et qu'un père (pauvre Philippe), pour vous servir, entendez-vous, et vous chérir jusqu'à la mort que vous leur ferez douce — vous deux ! Tout est changé, pourtant tout continue avec la vie. Les ailes se referment — autour du nid. Ah ! crois-moi, ni ma folie ni ta souffrance, ô bien-aimée, ne trouveront ailleurs d'apaisement qu'auprès de ce berceau.

BELLE

Ah !

(Elle tombe dans les bras de la Marquise en sanglotant.)

LA MARQUISE, la serrant sur son cœur.

Belle ! Belle ! Enfin à moi.

(Philippe se penche tendrement, met un seul baiser sur leurs fronts rapprochés,
On entend la procession dans le lointain.)

PHILIPPE

Tu me pardonnes ?...

LA PROCESSION

Alleluia !

BELLE

Oui, bien-aimé. Mais à une condition. Je ne sais pas au juste quand elle sonne, cette minute sacrée où la femme se transforme en la mère. Elle viendra sûrement, mon Philippe, cette heure ? Tu me le jures ?

PHILIPPE

Elle est venue, bien-aimée...

BELLE, avec une tendresse infinie.

Je ne suis pas sûre. Mais je l'attendrai, pourvu que toi, Philippe, tu sois mon enfant, le mien... jusqu'à ce que le nôtre naisse... et que je puisse passer de ton lit de convalescent à son berceau, servir vos deux faiblesses tant aimées, comme si c'était une seule, qui dure.

PHILIPPE

Tu es ma force, comme tu seras la sienne.

(Paraît Lombre.)

PHILIPPE, souriant.

Vous arrivez bien, cher ami! Mais, au fait, mon père ?

LOMBRE

Il est en route, Philippe. Votre beau-frère n'a pas voulu partir seul.

(Un silence.)

LA MARQUISE

C'est bien. Pour ceux qui partent, ceux qui restent et ceux qui viendront... prions.

(Elle se met à genoux, tandis que les bannières et les châsses défilent sur la route, les porteurs restant invisibles, et que les chants s'élèvent à nouveau.)

LE RIDEAU TOMBE.

COMME DES DIEUX

DRAME EN UN ACTE

PERSONNAGES

Guéhaulme, 60 ans.
Le docteur Linois, 36 ans.
Mlle de Caribert, 65 ans.
Marthe de Caribert, 22 ans.
Une Servante.

SCÈNE PREMIÈRE

Mlle DE CARIBERT, MARTHE

Mlle DE CARIBERT

Est-ce toi, Sizain ? As-tu rentré les bégonias ?

MARTHE

C'est moi, tante. Je viens du fond du jardin. C'est
si beau, le soleil couchant sur la rivière avec la tour
de Sainte-Maure dans le fond !...

Mlle DE CARIBERT

A propos, M. l'Archiprêtre dîne, et le docteur aussi,
naturellement. Dis bien qu'on passe chez la mère
Pruhomme, pour les cèpes, si on n'en a pas porté de
Fontfrède. Le bois doit en être plein, mais s'il fallait

attendre que les métayers se donnent la peine de les ramasser...

MARTHE, *regardant l'ouvrage de sa tante.*

Oh! la robe aux œillets!

Mme DE CARIBERT

Elle y passe à son tour. Que veux-tu, ces pauvres missionnaires ne peuvent pas dire la sainte messe tout nus.

MARTHE

Dire qu'elle a été à la Cour de Louis XV !

Mme DE CARIBERT

Il n'y a pas de doute. C'est celle de ton arrière-grand'mère sur le portrait du Salon Vert.

MARTHE

Oh! je la reconnais... Qu'elle a dû voir des choses!...

Mme DE CARIBERT

Je le crois. C'est tout de même une fin inespérée pour tant de vanités que de s'en aller sur le dos d'un saint prêtre édifier, là-bas, de braves nègres.

MARTHE

Il s'appelait Zamore, n'est-ce pas ? le nègre de Mme Dubarry ?

Mme DE CARIBERT, *la regardant par-dessus ses lunettes.*

Je ne sais pas. Va donc choisir des poires pour le dîner. Les Beurrées d'Arenberg seront à point. Tu

dois savoir, tu passes ta vie dans le fruitier — Dieu
sait à quoi faire !

MARTHE

Ça sent bon, les dos des vieux livres ont l'air
confortable derrière la vitre des armoires où une
guêpe se cogne parfois. (Je lis la *Vie du père La
Brazurec...*)

Mlle DE CARIBERT

C'est émouvant.

MARTHE

Oh ! oui, tante. Vous rappelez-vous le passage où
il tombe à l'eau pendant qu'il lisait son bréviaire,
et continue à lire miraculeusement ?... J'ai failli
pleurer !...

(Elle pouffe de rire dans le dos de Mlle de Caribert.)

Mlle DE CARIBERT

Oui. La voilà, la foi, mon enfant, la voilà !... Va
maintenant.

(Marthe sort.)

Mlle DE CARIBERT, se frotte le front et se lève.

Sapristi ! ces *Métamorphoses d'Ovide* ! Ai-je bien
coupé toutes les gravures ? Oui ! Au fait, le docteur
m'a blâmée parce qu'elles sont de Cochin. Cochin !...
Comme si ce Cochin-là pesait une once à côté du
salut des âmes. (*Elle va pour se rasseoir.*) Aïe !...
J'ai laissé un fâcheux cul-de-lampe, un amour sans
lui faire à la plume son petit caleçon honnête. Pourvu

que cette petite ne le déniche pas. Mon pauvre cousin de Nattes a passé les trois hivers d'avant sa mort, au coin de ce feu, que voilà, à vêtir ainsi tous les effrontés de ce Cochin et consorts... Pauvre cousin ! C'est un saint à présent. *A Marthe qui passe, un plateau d'osier chargé de fruits, tenu des deux mains contre sa poitrine.*) Viens me montrer. (*Marthe hésite, puis s'avance.*) Blette, celle-là. Et celle-ci sera cotonneuse ? Et ça, cette Do, enne, quel caillou !... Tiens, qu'est-ce qu'il y a donc là-dessous ? (*Elle retire un livre.*) « *La vie du père Le Brazurec* », sans doute... (*Lisant le titre.*) « *Aphrodite* »... Qu'est-ce que c'est que ça ?...

MARTHE

Rien, ma tante. De l'histoire grecque... M. Jude Guéhaulme m'a recommandé les études d'histoire grecque... Gaston Boissier... Beulé...

Mlle DE CARIBERT

M. Guéhaulme, vraiment ? de quoi se mêlent-ils tous deux, le père et le fils ? Si j'ai un regret de t'avoir laissée aller à Paris ces trois semaines, le mois dernier, c'est que tu te sois acoquinée à ces gens-là, grâce à la faiblesse de la mère Marie-Joseph. Ah ! les bonnes sœurs comme chaperons !... Ce n'est pas une raison parce que Guéhaulme le père a été élevé par charité aux frais de ma pauvre mère (Une jolie idée qu'elle a eue là !) pour que nous

continuions à fréquenter des gens qui ont si mal
tourné au point de vue des opinions et de la religion. S'occuper de science chrétiennement, c'est
bien ; mais un homme qui professe que nous des-
cendons du singe, et de pis encore... Non, ma mie,
je raye ces espèces-là de ma liste. On le dit fou
d'ailleurs... Possédé serait un meilleur mot.

MARTHE

C'est un enthousiaste !... Il fait peur quelquefois...
On dit qu'il travaille tant...

Mlle DE CARIBERT

Travailler, travailler !... Le soin du salut, quand
on sait ce que ça veut dire, ça ne laisse guère de
temps pour autre chose. Quand je pense que ce bou-
singot, cet athée a eu l'aplomb de me faire faire des
ouvertures au sujet d'un mariage pour toi avec son
fils. — Une espèce de professeur. — C'est certain...
il est fou !... Tu épouseras un homme de notre sorte
ou personne. Je suis sûre que tu penses comme moi
là-dessus.

MARTHE

Oh ! Je ne songe guère au mariage...

Mlle DE CARIBERT

L'histoire grecque t'absorbe à ce point ?... Allons,
viens au Rosaire, la chapelle est prête. J'emporte
Aphrodite !...

MARTHE

Oh ! ma tante !

Mme DE CARIBERT

Sois tranquille, ce n'est pas pour le lire maintenant.

(Elles sortent.

Un instant après, une servante en bonnet tuyauté
introduit Guéhaulme.)

LA SERVANTE

Ces dames viennent d'entrer à la chapelle pour
la récitation du Saint-Rosaire. Il ne doit pas y avoir
longtemps. Si Monsieur veut bien attendre un peu.

GUÉHAULME

C'est bon, j'attendrai !... Ces dames sont seules ?

LA SERVANTE

Oui, oui, Monsieur. Ah ! justement, monsieur le
docteur qui arrive par le jardin. Il tiendra compagnie
à Monsieur.

(Elle sort.

Entre le docteur Linois. Il s'arrête brusquement en
reconnaissant Guéhaulme.)

SCÈNE II

GUÉHAULME, LE DOCTEUR LINOIS

LINOIS

Maître !... Monsieur Guéhaulme.

GUÉHAULME

Linois ? Qu'est-ce que vous faites ici ?

LINOIS

J'avais de la famille dans le bourg. Je suis venu il y a deux ans, après...

GUÉHAULME

Votre histoire... Oui. Une éclipse s'imposait. Du diable si je m'attendais... C'est assez piquant de vous trouver nez à nez avec l'homme qui a tenu, qui tient encore votre honneur professionnel entre ses mains... N'est-il pas vrai ?...

LINOIS

Piquant est le mot.

GUÉHAULME

La femme est morte ?

LINOIS

Vous le savez bien.

GUÉHAULME

Des suites de l'opération ?

LINOIS

Le choc.

GUÉHAULME

Opération que vous saviez devoir tuer l'opérée...

LINOIS

Il y avait intérêt scientifique majeur... Je suis curieux... Pas vous ?...

GUÉHAULME

Oui, moi aussi... Le prix ?...

LINOIS

Il faut vivre.

GUÉHAULME

Mot charmant !...

LINOIS

Pourquoi me parlez-vous ainsi ?... J'ai eu un maître, jadis, qui nous disait... « Il faut aimer la vérité plus que les hommes. » Il s'appelait Guéhaulme, l'illustre Guéhaulme... Je ne l'ai pas renié... Est-ce vous qui me le reprochez ?...

GUÉHAULME

Je me souviens. J'ai eu parmi mes élèves — du temps où j'avais des élèves, où je n'étais point un farouche et un isolé — un garçon dont l'intelligence me plaisait et que j'aurais aimé si je ne l'avais deviné sans scrupules.

LINOIS

Qu'appelez-vous des scrupules ? Un esprit aussi pénétrant que le vôtre sait bien ce qu'ils valent, ces détritus des vieilles morales qui étouffent les avenues de notre liberté, de notre activité future. Le scrupule est funeste, il tare l'avenir.

GUÉHAULME

Certains scrupules, certes, j'en conviens... mais...

LINOIS

Mais... parce que je n'ai pas repoussé l'argent qui m'est revenu de cette opération...

GUÉHAULME

L'héritage de la victime...

LINOIS

Non pas ma victime à moi, celle de la science qui avait le droit de savoir, fût-ce au prix d'une chétive vie humaine. Vous vous croyez le droit de me mépriser, vous qui avez déjà entre les mains le pouvoir de me perdre ? Mais cet argent, c'était de la force, de l'autorité, un appoint nécessaire à mes recherches poursuivies, à mon labeur urgent. C'est contre eux que j'aurais péché, car ces recherches, ce labeur, c'est eux, mes vertus, mes saints, et mes Dieux ; et c'est eux qui m'auraient condamné au fond de ma conscience, si, en refusant le tribut qui leur était dû, j'avais cédé à je ne sais quel atavisme caduc de prétendue dignité ou de dérisoire honneur ! J'aime passionnément la science. Croyez-vous cela, au moins ? Je ne mérite pas votre mépris. J'en souffre, maître.

GUÉHAULME

Linois, je ne sais pas si vous êtes sincère. Mais je vais peut-être vous donner l'occasion de me le prouver... Je l'avoue, le geste d'empocher m'avait déplu ; mais vous avez peut-être raison. On a sans doute en soi une obscure et tenace habitude des vieux idéals dépassés qui datent de l'enfance de la race. Le paladin aux mains pures, etc... L'argent pour nous est toujours souillé. Vos sophismes seront peut-être la vérité et la vertu de demain... C'est l'éternelle marche des choses. Mon préjugé (appelez-le comme vous le voudrez) est la seule barrière qui nous sépare. Vous venez de parler de la science... avec un éclair dans le regard qui ne me trompe pas, quoique je n'aime guère à entendre publier les sentiments qu'on professe pour cette jalouse amante. C'est trop vaste, trop total, trop sacré...

LINOIS

Oui, oui !

GUÉHAULME

Je vous rendrai mon estime...

LINOIS

Oh! merci — j'aurais pu me passer de toute autre.

GUÉHAULME

Au prix d'une promesse... d'un service.

LINOIS

Comment ?

GUÉHAULME

Vous êtes le médecin de Mlle de Caribert ?

LINOIS

Oui, depuis mon arrivée. Ma vieille cousine chez qui j'habite est une ancienne compagne de couvent à elle.

GUÉHAULME

Cardiaque ?

LINOIS

De l'artério-sclérose. Pas de danger imminent.
Oh ! je la suis de près.

GUÉHAULME

On dirait que cela vous intéresse, en effet. Ecou-
tez-moi. Vous savez quelles recherches ont pris
toute ma vie ?...

LINOIS

L'étude des lois de l'hérédité... Certes, vos travaux ont fait époque... Pourtant, depuis quinze ans...

GUÉHAULME

Je n'ai rien publié, je n'ai plus professé, j'ai disparu, moi aussi. Mes travaux m'avaient conduit à ce
point où la divulgation est un danger, le secret une
loi. La vérité que je tenais par ma conviction morale, il lui manque encore une justification scientifique, une expérience décisive. Contre cette vérité
qui allait recréer la société, toutes les conventions,
toutes les armes de cette société condamnée par elle
se fussent levées en masse... C'eût été compromettre
non seulement l'œuvre de ma vie, mais celle de mon
père avant moi, et de mon aïeul, le disciple aimé
du grand Lamarck. Car il y a presque un siècle que
d'une volonté commune, transmise sans défaillance
à travers quatre générations, nous peinons sur le
colossal problème auquel nous avons tout sacrifié.
Expérimentateurs, nous nous sommes faits nous-

mêmes objets d'expériences. Mon fils Jude repré-
sente l'aboutissant d'une sélection raisonnée, ob-
tenue au prix d'une patience, d'une énergie et d'une
ruse que vous ne pouvez imaginer. Mon père et moi
avons conquis sur toutes sortes de forces conjurées
nos femmes captives comme des princesses gardées
par les monstres torpides et féroces des vieux antres
de la routine et des préjugés. Car il nous fallait
celles-là : non point pour l'assouvissement égoïste de
ce que les poètes appellent l'amour, mais parce que
leurs flancs avaient été disposés par leurs influences
héréditaires pour nous concevoir les fils *que nous
avions choisis.*

LINOIS

Je comprends !

GUÉHAULME

Oui, choisis pour perpétuer notre vœu, notre tâche,
notre perfectionnement, celui de la race entière... Eh!
Qu'est-ce qu'une paternité vulgaire à côté de celle-
là ?... Songez-y ! Ce qui sort de mes moelles n'est
plus un être quelconque, mystérieux, recéleur de
surprises et de tares, un petit étranger vagissant sur
les deuils et les maux obscurs d'aïeux presque ano-
nymes. Non, j'ai sondé les passés multiples dont il
sort, je sais quels tributs ces passés lui portent par
les routes qui convergent au carrefour de la forêt
de l'Être où est planté pour une heure l'écriteau
fallacieux et fragile de son moi. Ce fils, j'en fais

l'addition consciente de sa race ; mon messager, ma volonté lucide, pourquoi pas ma mémoire un jour ?... (*Lentement.*) Pourquoi pas tout moi-même enfin ?... En vérité, à l'indéracinable besoin de survivre qui torture l'homme depuis qu'il vit... je puis, j'ose répondre : « Le voici, le chemin de l'immortalité ! » (*Un temps. On entend la cloche d'un couvent voisin.*) Autre voix... Elle me rappelle de l'avenir, cette réponse qui sort des tombes. Il faut l'écouter. A vivre seul, en face d'aussi exaltantes pensées, on est tenté de perdre la froide notion des nécessités, du moment avare, du progrès lent. L'art est long, la vie courte. Courte, oui, en attendant que nous la prolongions par delà les chétifs épisodes de l'individu, que nous la projetions dans la continuité d'une lignée... que nous vainquions la mort, ô cloches qui nous parlez d'elle, la mort que ton Dieu... lui, n'a pas su conquérir... (*Un temps.*) Je suis incorrigible... aussi bien, je veux l'être... mais ne me prenez pas pour un négligeable illuminé...

LINOIS

Nul de ceux qui ont suivi les magnifiques déductions de *l'Essai sur les influences ancestrales* ne serait tenté de vous juger ainsi, maître ?

GUÉHAULME

Merci. Vous étiez intelligent. Après tout, le savant lui-même a droit à ses mirages ; sa route certes,

n'est pas moins dure, et il est homme, fils des an-
cêtres, vénérables et naïfs, dont le sang a roulé les
vieux songes des Paradis. Ah ! imaginez le monde,
une fois les lois de l'Hérédité connues et fixées, une
fois acquise la preuve que tout être résulte d'une
réaction fatale comme celles de la chimie, réaction
provocable et plus ou moins dirigeable au gré d'une
volonté supérieure qui sera le Tribunal Suprême et
le Pouvoir exécutif de l'Humanité ! On ne réprimera
plus le crime, on empêchera seulement le criminel
de naître. Des sélections à longue échéance produi-
ront des artistes, des héros, des génies. La race se
fera elle-même. Elle créera les instruments de sa
puissance, de sa perspicacité et de sa joie. Au lieu du
pullulement misérable aux hasards duquel l'humanité s'efforce de durer à tâtons, découvrant parfois,
dans ses fanges et ses sanies, un génie précaire
dont la grandeur a pour rançon des tares de folie ou
de dégénération, et pour salaire le rire ou les huées
de ses frères ; — au lieu de ce gaspillage de germes
et d'efforts, de douleurs et de hontes, l'ordre, l'har-
monie, la soumission naturelle et consentie de tous
à une morale dont le but, qui sera le plus de bonheur,
apparaîtra avec une telle évidence et une telle splendeur que nul ne concevra qu'on lui puisse marchander son applaudissement et sa tâche. Le mal
devenu non seulement impossible, mais inconcevable... Oui, nous tendons là. Nous trouverons...

inévitables, je touche aux lois ! Aux lois souveraines, maîtresses de l'homme et du temps. Du moins, si je les découvre moi-même, mes descendants, riches de mon labeur, en recueilleront le prix, dont je me réjouirai au fond de leurs moelles. S'il est un devoir sacré, c'est donc d'assurer, au moyen des données que je possède, la transmission à ces descendants (qui en sont les preuves vivantes), de mes facultés scientifiques, de ma persévérance et de mon ardeur. Le mariage de mon fils Jude, en lequel j'ai peur de démêler parfois, malgré la force et la rectitude de son esprit, une foi moins enthousiaste, moins religieuse, disons le mot, que celle qui m'anime, ce mariage a pour moi une importance capitale. Songez que mon fils porte le testament de trois générations aux saintes impatiences de l'avenir. Ma race ne doit pas risquer d'être forlignée. Eh bien ! j'ai découvert l'union parfaite, la fiancée inespérée, une jeune fille pure, — il est indispensable absolument qu'elle soit pure, — dont le patrimoine héréditaire, riche de toutes les réserves d'une longue sélection aristocratique, fournira d'inépuisables ressources à la volonté fougueuse, à l'intelligence avide que nous représentons, nous, la lignée mâle, vivante, ardente, mais plébéienne, dolente encore et ravalée sous le poids des jougs anciens, hommes libres que rien ne peut empêcher d'être issus de serfs. Regardez ceci. (*Il montre le mur où pend un parchemin.*)

L'arbre généalogique des Caribert. Il ne m'apprend
rien ; il y a des années que je l'étudie, corroborant
mon enquête par l'étude des portraits qui sont res-
tés à Caribert, des lectures de correspondances
facilitées par l'insouciance des représentants actuels
de la famille et par le fait de notre situation de pro-
tégés. Ah ! je pourrais les réciter par cœur, les
seize quartiers de Mademoiselle de Caribert ! Sauf que
ces noms sonores évoquent dans leurs syllabes bien
plus qu'une vanité pour moi. Un jour, ces généalo-
gies dont nous sourions reprendront leur importance dans nos archives, mais ce ne seront plus
des hérauts d'armes qui les rédigeront, mais des
médecins. On reverra une aristocratie des *bien nés*,
et celle-là ne sera ni un fantôme ni une parodie,
mais la force vive et l'avant-garde de la nation. Notez que ce serait folie d'exclure de cette noblesse
les fils de l'ancienne, issue d'une sélection qui ne
suffit plus, mais qui n'en a pas moins créé une élite,
la seule en somme dont nous disposions encore.
Voyez plutôt. Depuis 1280, les générations se succè-
dent et, parmi tous ces Caribert : mestres de camp,
colonels, chevaliers, bannerets, pas un nom célèbre...

LINOIS

Discrétion vraiment aristocratique.

GUÉHAULME

Pas un évent par où ait pu s'enfuir l'accumulation

24

de leur vitalité toujours accrue, toujours comprimée, par des traditions plus lourdes et plus exigeantes à chaque génération. Quelles économies d'intelligence ! (*Linois sourit.*) Quelle habitude de certains instincts, de certains gestes élégants et traditionnels dont les ressorts, à chaque génération toujours, s'enfoncent graduellement, plus profond que l'intelligence, devenus mécanismes caractéristiques d'un *type*. C'est le *type* que je veux, Monsieur. Le génie tel qu'il apparaît dans ces âges-ci est une explosion... un monstre dangereux et infécond. Oui, le *type*. Grâce à lui seul, entendez-moi, la variation heureuse que je détermine pourra être fixable. Je n'ai pas le temps d'expliquer en détail ; qu'il vous suffise de savoir que, par un concours merveilleux, il me faut pour belle-fille une seule personne, qu'il me la faut à tout prix et que son nom est Marthe de Caribert.

LINOIS

La tante ne consentira jamais.

GUÉHAULME

Je l'ai prévu.

LINOIS

Jamais. Elle est imbue de tous les préjugés, de toutes les superstitions. Vous êtes pour elle le diable... D'ailleurs... Puis-je parler ?

GUÉHAULME

Naturellement. J'y compte.

LINOIS

Pouvez-vous préjuger des sentiments de la principale intéressée.

GUÉHAULME

A peu près sûrement. (*Haut-le-corps de Linois.*)
Qu'avez-vous ? Quoi de plus naturel qu'une jeune
fille, prisonnière d'une vieille femme bigote et tyran-
nique, d'une vieille ville provinciale et morne pleine
de cloches et de chats, veuille se libérer à tout prix...
Sa petite fortune...

LINOIS

Petite, vraiment ?

GUÉHAULME

Est insuffisante pour qu'elle trouve jamais un
épouseur de son monde. L'idée de finir sa vie dans
ce trou, et vieille fille, lui est intolérable. Elle s'en
est ouverte avec beaucoup de simplicité à ma
femme... A Jude, elle a montré de la confiance,
plus encore... Je suis convaincu que le seul obstacle,
c'est la tante.

LINOIS

Mademoiselle Marthe ne voudra pas désobliger
celle-ci, je le crains, et le peu de dot sur lequel elle
puisse compter vient de là.

GUÉHAULME

Linois, il faut m'aider.

LINOIS

Vous aider ? En quoi ?

GUÉHAULME

Plus j'y réfléchis, plus je vois clairement la so-
lution fatale où nous sommes conduits...

LINOIS

Est-ce un enlèvement que vous méditeriez ?...

GUÉHAULME

Non, la tante déshériterait. Nous ne sommes pas
intéressés sans doute, mais, comme vous disiez tout
à l'heure : Il faut vivre. (*Il le regarde dans les yeux.*)
Il faut vivre !

LINOIS

Ah ! Je comprends. Vous voulez supprimer la
vieille !

GUÉHAULME

Il le faut, n'est-ce pas ? J'ai le droit de niveler
l'obstacle qui barre ma route. J'en ai le droit, si
cette route est celle de la gloire et du bonheur
humains. Que pèse l'existence de cette vieille
femme ? Elle est déjà morte. Elle n'a jamais vécu
que d'idées mortes, parmi des choses mortes, sous
des dieux morts. A qui manquera-t-elle ? Je n'ai vraiment pas de scrupules, Linois.

LINOIS

Vous non plus ; il y paraît !

GUÉHAULME

J'ai trop l'habitude de toucher à la vie. Je lui dis,

ici : « Jaillis ! » là : « Eteins-toi ! » *Sicut dei !* Tuer,
c'est le geste divin !

(Un silence.)

LINOIS

« Tu ne tueras point », a dit pourtant je ne sais
quel humoriste !

GUÉHAULME

Raillez, c'est votre tour. Mais vous ferez ce que je
veux. Oui, vous, tout fier de votre expérience d'assassin aguerri, vous guettez en moi les vestiges de
l'ancienne faiblesse, la révolte qu'éprouvent, devant
le meurtre, mes instincts virils dépravés par vingt
siècles de christianisme. Vous voyez juste : j'ai besoin de toute la force de ma logique pour marcher
sur les vieilles tables de la loi, sur les vieux spectres,
les Erinnyes dont les cheveux de serpents mordent
mes talons nus. Mais je le sais, je suis sûr : la pitié
n'est pas dans la nature, elle est un désordre lorsqu'elle sacrifie l'avenir au passé. C'est en avant,
dans le Futur, que je plains les hommes. C'est à la
race qui naîtra que je sacrifie celle qui va mourir et
la mort que je lui garde est le plus glorieux des
martyres...

LINOIS

Mais certes, cher maître, nous nous entendons !
Vous dépensez plus d'éloquence à me convaincre
que si j'étais le public de l'Ambigu. Ah! cette génération de 48 — quelles belles flammes !

GUÉHAULME

Linois, vous m'aiderez ?

LINOIS

C'est grave, sinon en principe, du moins comme conséquences immédiates, et je vous ai dit, cher maître, que, plus logique que vous, j'étais vénal.

GUÉHAULME

Vénal !

LINOIS

Eh ! oui, vénal, vénal comme la science même, la jalouse et pure amante de vos rêves, en réalité, courtisane avide, dont on paye aussi les baisers.

GUÉHAULME

Assez ! Vous aurez la moitié de la fortune de Mlle de Caribert, si vous faites la chose : C'est si facile pour vous, aucun risque ; je suis généreux.

LINOIS, réfléchit un instant.

Oui... je crois... qu'ainsi... c'est bien... Oui, j'accepte... Mais... quelle garantie ?

GUÉHAULME

Mes propres biens. Je vous signe ici même, si vous voulez, un bon pour la somme approximative à laquelle se montera...

LINOIS

C'est bien. J'ai votre parole.

GUÉHAULME

Vous ne tarderez pas !

LINOIS

A quoi bon ?

GUÉHAULME, avec une exaltation sourde.

Je suis pressé. Ah ! c'est bien, ce que vous faites,
Linois. Mais vous ferez vite, je ne vous ai pas tout
dit. Vous m'avez raillé, tout à l'heure, plus cruelle-
ment que vous ne pensiez. Je suis surmené, fourbu ;
vingt années de travail pareil, le tête-à-tête halluci-
nant d'une idée, la voix dans l'ombre du lendemain
formidable, qui murmure, adjure et menace sans
trêve, la séparation de mes semblables, mon isole-
ment d'ermite dans mon labeur de prophète, tout
cela m'use, m'éprouve, m'inquiète... Après la pression excessive, les boulons de la chaudière restent
ébranlés. Il y a des jours où mon exaltation me fait
peur à moi-même. Et puis, parfois, du profond de
mon être intérieur, se lève une vision : la Némésis...
Oui, je sais, n'ayez pas l'air si étonné. Je parle
comme un Hottentot, le plus dégradé des fétichistes,
mais qu'y faire ?.. oui, la Némésis... qui venge la
nature violentée, oui, l'obscure, lente, inerte hostilité des vieilles forces, ogresses dépossédées. Elle
me guette. C'est le sort de tous les Prométhées
Mais mon vautour à moi, il me semble que c'est là
que je l'entends heurter du bec. (*Il se frappe le*

front.) Peut-être mes hérédités, fondues par dessein volontaire, ne forment-elles pas un amalgame homogène, mais un alliage enclin à se dissocier sous certaines températures morales, ou certains chocs !... Il a pu manquer un élément de stabilité... Oh ! on le trouvera, mais, en attendant, je paierai de ma raison peut-être...

LINOIS

D'avoir offensé l'amour... La revanche de l'amour, beau drame !...

GUÉHAULME, avec angoisse.

Je pense que vous pourriez me contredire, me rassurer, dissiper mes inquiétudes. Cela vous frappe donc ?

LINOIS

Mais non... mais non...

GUÉHAULME

Non ? En tout cas, voilà pourquoi j'ai hâte, comprenez-vous ? Ah ! une déception me tuerait. Avant que j'aie vu cette union consommée et fructueuse, je ne vivrai pas. Car nulle part, nulle part ! des garanties pareilles. Après, advienne que pourra ! Je tâcherai d'accueillir en philosophe la mort de mon corps... ou l'autre... la pire !

LINOIS

Allons donc ! ne pensons pas à ces choses. L'esprit le plus clair, le plus incisif... Maintenant, partez... laissez-moi...

GUÉHAULME

Mais....

LINOIS

Vous ne tenez pas à voir... les gens d'ici ? Puisque vous savez d'avance la réponse qui vous attend, c'est inutile ?...

GUÉHAULME

C'est inutile. Au fait, vous avez raison, je préfère ne pas voir, ni la petite non plus... Cela n'a plus raison d'être... et même je préfère... je préfère...

LINOIS

· N'est-ce pas ? Attendez-moi à l'hôtel ? J'ai votre parole au sujet de l'argent ?

GUÉHAULME

Je m'engage solennellement au nom de mon fils. Nous ne faisons qu'un.

LINOIS, à part, après une hésitation.

Bah ! Je les tiendrai toujours ! (*Haut.*) A ce soir. La porte est au bout de l'allée. A droite de la grotte de Lourdes... Par là.

GUÉHAULME

A ce soir !

(Il s'éloigne comme à regret, fait le geste de revenir, mais recule en apercevant Mlles de Caribert qui sortent de la chapelle et disparaît.
Entrée de Mlle de Caribert et de Marthe.)

SCÈNE III

LE DOCTEUR LINOIS, Mlle DE CARIBERT, MARTHE

Mlle DE CARIBERT

Ah ! docteur, comment vous va ? Je suis aise de vous voir, d'un peu bonne heure, avant dîner. Va, petite, maintenant. Moi, je ne m'habille pas. (*Marthe sort, après un regard oblique au médecin.*) Je suis d'assez petite humeur, docteur, ce soir. Mal en train.

LINOIS

Voyons le pouls !

Mlle DE CARIBERT

Oh ! rien de grave... Vous vous inquiétez plus vite que moi.

LINOIS

Hum ! Je n'aime pas beaucoup ce pouls-là. Journée calme ? Pas d'émotions ?

Mlle DE CARIBERT

Si... non... Est-il minutieux, ce docteur ! Je n'ai jamais été soignée comme cela. Quand je pense au père Cordebeuf, votre prédécesseur ! Il ne m'a pas rendue douillette, celui-là. Vous, c'est touchant, c'est maternel, vos soins, mon cher docteur Linois. Vrai, vous me gâtez. Je crois que je ne pourrais plus me passer de vous à présent.

LINOIS

Oh! ce n'est rien.

Mlle DE CARIBERT

Si, si, c'est beaucoup. Songez que j'ai été élevée à l'huile de ricin et au thapsia !... Ça me semble un péché, un remède qui ne fait pas souffrir. Vous me gâtez, vous dis-je !

LINOIS

Eh bien ! je vais vous faire mal un peu. Vous donner une piqûre pour régulariser les battements du cœur, que je trouve capricant ce soir.

Mlle DE CARIBERT

Maintenant, cette piqûre ?

LINOIS

Oui, vous dormirez, au moins. Oh ! c'est une toute petite douleur. Ça vaudra mieux, je vous trouve pâle.

Mlle DE CARIBERT

Vous aussi, docteur, piquez-vous par la même occasion. Vous êtes comme un linge.

LINOIS

Je reviens avec la médecine. La rue à traverser.

(Il sort.

Seule, la vieille demoiselle chausse ses lunettes, s'assoit et se met en devoir de lire *Aphrodite*. Quand elle sursaute, un homme est dans l'embrasure de la porte du jardin : Guéhaulme.

Entrée de Guéhaulme.)

SCÈNE IV

GUÉHAULME, Mlle DE CARIBERT

Mlle DE CARIBERT

Hein ? quoi ? qui est là ?

GUÉHAULME

Pardon, Mademoiselle.

Mlle DE CARIBERT

Vous, monsieur Guéhaulme ? Ici ? Dans le jardin ? Comment êtes-vous entré ? Je me loue de vous voir...

GUÉHAULME

On m'a introduit pendant que vous étiez à la chapelle. J'attendais votre retour dans le jardin. Excusez cette indiscrétion.

Mlle DE CARIBERT, froide.

Mais c'est tout simple. Et vous avez quitté vos livres, vos cornues ? Il a fallu quelque gros événement, je gage.

GUÉHAULME

Vous l'avez dit, Mademoiselle. A quoi bon tergiverser ? Je ne vous cacherai pas que je suis venu tout exprès faire une dernière démarche auprès de vous. Tout à l'heure, là, dans ce jardin, j'ai senti le découragement devant la discussion, l'hostilité

même de toutes ces choses qui m'entourent, j'ai
failli partir, laisser la fatalité faire son œuvre...
Puis, malgré tout, je ne sais quelle voix m'a rap-
pelé. Je veux avoir tout tenté. Me voici donc. Une
fois de plus, j'ose vous demander pour mon fils
Jude la main de Mlle Marthe de Caribert.

Mlle DE CARIBERT

Mon cher Monsieur, je ne tergiverserai pas davantage. Ce mariage est impossible. Il ne se fera pas.
Il suffit que ma conscience de chrétienne me l'in-
terdise. Ma réponse irrévocable est : « Jamais ».

GUÉHAULME

Soit. Adieu donc, Mademoiselle ; adieu ! il y a
longtemps que je ne discute plus. Je m'éloigne.
(*Geste de Mlle Caribert.*) La porte du fond est ouverte. Il est plus court pour moi de rentrer par le
quai. Adieu. Pardon. Adieu !

> (Il sort par le jardin.
> Entrée de Linois.)

SCÈNE V

LE DOCTEUR LINOIS, Mlle DE CARIBERT

LINOIS, faussement jovial.

Eh bien, sommes-nous prête ?

Mlle DE CARIBERT

Ah ! c'est vous. Au fait, vous m'ennuyez, docteur, avec votre piqûre.

LINOIS

Ce sera comme vous voudrez, mais je vous prédis l'insomnie certaine et ce qui s'ensuit.

Mlle DE CARIBERT

Ah ! s'il ne fallait pas se lever à six heures demain, le jour des confitures ! Allons-y ! Cela ne fait rien avant le dîner ?

LINOIS

Au contraire, c'est le moment. Vous vous assoupirez pour cinq minutes, après la ponction, voilà tout. C'est pourquoi il vaut mieux prendre un fauteuil confortable.

Mlle DE CARIBERT

Ma vieille bergère, tenez. Ce ne sera pas le premier somme que j'y aurai fait. Allons, vite ! Je suis agacée, ce soir. On ne se figure pas l'aplomb de certaines gens. Mais je vous raconterai ça après... Vous êtes pressé.. Vous en tremblez.

LINOIS

Qu'est-ce ?

Mlle DE CARIBERT

Non, après. Ce n'est rien. Guéhaulme !...

LINOIS

Guéhaulme ?

Mlle DE CARIBERT

Docteur, choisissez. Histoire ou piqûre. Ha! Ha! On le taquine!

LINOIS

Cette seringue a la pointe faussée. Il faut la changer. Quel ennui!...

Mlle DE CARIBERT

Eh bien, c'est Guéhaulme qui m'est apparu comme un spectre... tout à l'heure, pour me redemander Marthe. Je l'ai calmé d'un mot, un seul : « Jamais ». Il est parti résigné et s'en remettant à la fatalité, comme il dit. Drôle d'expression! Un mot de païen, encore... Et c'est tout.

LINOIS

Voulez-vous relever la manche droite?

> (La vieille fille est assise et Linois, qui est à côté pour l'opération, relève la manche jusqu'à la saignée, avec une affectation méthodique).

Mlle DE CARIBERT

Oh! qu'il a les doigts froids!

LINOIS

Pardon. N'ayez pas d'appréhension. J'introduis la pointe sous l'épiderme. Gardez les mains sur les genoux.

Mlle DE CARIBERT

Ce n'est rien. Aïe!

LINOIS, au comble de l'énervement, avec brutalité.

Mais taisez-vous! (*Elle le regarde avec des yeux dilatés par l'étonnement.*) En arrière, la tête bien calée.

(Elle ne parle plusetdemeure immobile, affaissée sur son embonpoint, tandis que le médecin place des coussins sous les pieds pour maintenir l'équilibre du corps. Il se relève, aspire l'air profondément et va sortir quand apparaît Marthe en robe blanche, fleurs au corsage, venant de sa chambre. Pantomime. Sursaut de l'homme. Interrogation de Marthe en montrant sa tante. Elle dort? Signe de tête affirmatif du docteur. Marthe entre sur la pointe des pieds et s'approche de la vieille femme, plonge sa main dans la corbeille à ouvrage qui est près d'elle et en retire avec un sourire triomphant un livre qu'elle montre au docteur : *Aphrodite.* Puis elle oblique vers le jardin, en faisant signe à Linois de la suivre, avec des sourires et des clins d'œil voluptueux. Gène atroce de l'homme, qui par des gestes embarrassés se dérobe, impose le silence. Insistance de la jeune fille. On voit apparaître Guéhaulme parmi des lauriers en caisse, qui obstruent à moitié la porte-fenêtre de gauche. Il suit, d'un regard de fou, la scène, invisible au duo. Impatienté, Linois veut sortir, elle lui coupe la retraite, l'enveloppe hardiment de ses bras.)

SCÈNE VI

LES MÊMES, MARTHE, GUÉHAULME

MARTHE, d'une voix basse et passionnée.

Qu'as-tu, Jean? Ce soir, il faut... dans le jardin,

sous la tonnelle. Sizain y a mis toutes les feuilles des platanes. Viens !... Je dirai que je me couche de bonne heure. Tu seras là ? Oui ? Qu'as-tu ? Que tu as froid ! Voilà plusieurs jours... Es-tu las de moi ?... Ah ! tu ne sais pas combien je t'aime !...

LINOIS, précipitamment.

Oui ! oui ! A tout à l'heure, plus tard... Mais laissez-moi sortir ou je serai en retard.

(Il s'évade, dès l'embrasure il s'arrête, en entendant Guéhaulme, qui entre, à pas calmes, dans la chambre et s'avance vers la jeune fille interdite en l'apercevant.)

GUÉHAULME, montrant la porte par-dessus son épaule.

C'est votre amant ?

MARTHE

Que dites-vous ? Que voulez-vous ? Prenez garde, ma tante dort...

GUÉHAULME

C'est votre amant ? Dites oui, ou je parlerai plus haut.

MARTHE

Oui.

GUÉHAULME

Alors, Jude ?

MARTHE

J'ai cru que je l'aimais. Mais celui-là est venu. Je ne puis aimer que lui. Pardon, pardon, nous repar-

lerons. J'ai si peur qu'elle s'éveille. Vous ne voulez
pas me perdre ?...

GUÉHAULME

La perdre !...

MARTHE

Adieu !

(Elle veut fuir.)

GUÉHAULME

Reste ! (*Elle s'arrête, clouée.*) Ce n'est pas possible.
Ce n'est pas possible !... Tant de travail perdu. Oh !
ma tête éclate. (*Se ressaisissant.*) Voyons, du calme !
La science est une perpétuelle leçon de sang-froid.
Nous recommencerons. Sinon moi... Les dossiers
sont prêts. Toujours, toujours la vilenie, la luxure,
la bestialité, gueules tendues vers l'œuvre qu'on fait,
le bien qu'on apporte, toujours la Némésis sous
ses masques avides. La Némésis au seuil de l'antre
où la Vérité dort sur les os de ses amants dévorés...
Tant de travail, d'affreuses peines, à la merci d'un
prurit de pensionnaire, d'un geste de brute échauffée.
Oh ! ce n'est pas juste !... Il n'y a pas de justice.
Pas encore... Ah ! qui sait s'il y en aura jamais ! Pourquoi espérer ? Nous sommes trop faibles... Pourtant,
j'avais trouvé... Allons !... Allons ! Soyons fermes.
Ne blasphémons pas, oh ! tu as peur... Comme il
halète, ce sein avili qui aurait pu nourrir un Dieu !

MARTHE

Taisez-vous !...

GUÉHAULME

Oui, voleurs, infâmes !... C'est un Messie que vous avez volé au monde. Le Fils de l'homme, le père du Dieu !.... Je me vengerai...

MARTHE, apercevant Linois.

Faites-le taire ! c'est affreux !...

LINOIS

Il devient fou ! Il devient fou !...

GUÉHAULME, doucement.

Pauvres boucs que nous sommes !... N'ayez plus peur !... On n'a que cela, en somme !... Etait-ce bon, au moins ? Eh ! eh ! moi aussi, j'ai pensé à ces choses dans mon temps, sais-tu, petite catin !

MARTHE

Ah !

GUÉHAULME, montrant le cadavre.

Elle ! Elle aussi, toutes ! toutes ! à tous crins ! à toute peau contre l'avenir, la pensée.. contre l'amour ! Demande-lui... demande-lui !

MARTHE, se jetant aux pieds du corps de Mlle de Caribert.

Tante ! Tante ! Ne l'écoutez pas ! Ce n'est pas vrai ! (*A Linois.*) Emmenez-le ! Tante !

> (Elle pose ses mains sur les épaules du corps. Celui-ci bascule en avant et s'abat sur elle, qui reste accablée sous le poids en poussant des cris d'horreur).

GUÉHAULME

Ah ! Ah ! Elle t'écrase ! C'est bien fait' Elle est lourde. Tu ne te relèveras plus. Lourde comme une dalle et froide aussi sur ton impure chaleur... Ah ! ah ! ah !

MARTHE

Au secours ! au secours !

La toile tombe rapidement.

RIDEAU

TABLE

ACHEVÉ D'IMPRIMER

le 24 avril 1923

PAR

E. ARRAULT ET Cie

A TOURS

pour le

MERCVRE

DE

FRANCE

5078